Sport für Manager

Georg Matuszek

Sport für Manager

Was Manager vom Sport lernen können

 Springer Gabler

Georg Matuszek
Kufstein
Österreich

ISBN 978-3-658-03637-9   ISBN 978-3-658-03638-6 (eBook)
DOI 10.1007/978-3-658-03638-6

Die Deutsche Nationalbibliothek verzeichnet diese Publikation in der Deutschen Natio-
nalbibliografie; detaillierte bibliografische Daten sind im Internet über http://dnb.d-nb.de
abrufbar.

Springer Gabler
© Springer Fachmedien Wiesbaden 2014

Lektorat: Stefanie Brich | Marén Wiedekind

Gedruckt auf säurefreiem und chlorfrei gebleichtem Papier

Springer Gabler ist eine Marke von Springer DE. Springer DE ist Teil der Fachverlagsgruppe
Springer Science+Business Media
www.springer-gabler.de

Prolog

Wenn sich Manager einer neuen Lebensdramaturgie stellen, überprüfen sie die persönliche Leistungsfähigkeit. Was kann der Manager vom Sport lernen? Was sind die Parallelen zwischen Sport und Beruf, diesen beiden Magneten der Leistungsorientiertheit? „Besser sich quälen, als von den Umständen gequält zu werden", ist eine Maxime, die sich vom Sport aufs Leben übertragen lässt. Sie bewahrheitet sich nicht zuletzt beim Älterwerden. Mag sein, dass das Sich-Quälen im Sport zu einer Sucht werden kann, lässt es aber nach, werden die auf den Menschen von außen kommenden Qualen viel unerträglicher.

Sport bringt ins Bewusstsein, zu welchen Leistungen Menschen fähig und gleichzeitig, wie filigran sie sind. Sport führt uns in die Demut, indem wir unsere Grenzen erkennen, zeigt aber auch die Wege, wie wir Grenzen ausloten können. Dabei setzt der Mensch auf ein gewisses Maß an Grundrobustheit, Widerstandsfähigkeit und Gesundheit. Allerdings, ohne Planung, ohne Wissen und ohne Disziplin funktioniert gesunder Sport nicht.

Es macht Sinn, die Voraussetzungen zu beachten, unter denen die Motorik und die Fitness des Menschen optimierbar sind. Physische Formschwächen, Leistungsabbau oder Trainingsüberlastung lassen sich mit modernen Technologien über Monitoring messen. Die Vorsorge zur Fitness versetzt uns in die Lage, körperliche Höchstleistungen ohne Nebenwirkungen durchzustehen. Es gibt Instrumentarien, die nicht allein den Leistungssportler interessieren könnten. Auch Berufstätige, Führungskräfte und sonstige Entscheidungsträger profitieren von den modernen Errungenschaften der persönlichen Leistungsoptimierung. Dies ist für die Wirtschaft nicht unwichtig. Heutzutage wird die Nachhaltigkeit eines Wirtschaftsunternehmens auch daran gemessen, was es zur Gesunderhaltung seiner Mitarbeiter beiträgt. Im Sinne eines Managements der Reputation lohnt es sich, ein Unternehmen auf soziale Verantwortung und Corporate-Fitness prüfen und zertifizieren zu lassen.

Das Investment in Gesundheit und Vitalität wird zu einem ökonomischen Faktor und gewinnt durch Corporate-Fitness-Management (CFM) immer mehr an Bedeutung. Professionell eingesetzte Fitnesssysteme verbessern sogar die Wettbewerbssituation von Unternehmen. Wenn die Maßnahmen einer Personalentwicklung auf die individuelle Fitness der Mitarbeiter ausgerichtet sind, nützt dies dem Gesamtzustand des Unternehmens. Gesündere Manager und gesündere Teams haben geringere Fehlzeiten im Arbeitsprozess. Die Fluktuationsraten in den Unternehmen werden gesenkt und die Arbeitseffizienz aufgrund einer gesteigerten Zufriedenheit wird erhöht. Mit dem Prinzip von „Work-Life-Balance" halten wir Arbeit und Privatleben in einem harmonischen Gleichgewicht. Die Balance zwischen den unternehmerischen Lösungsansätzen und den persönlichen Bedürfnissen der Mitarbeiter wird zur Voraussetzung für eine positive Unternehmenskultur. Sport hilft, die beruflichen Herausforderungen physisch und mental erfolgreich auszutarieren.

Den Athleten gibt es nicht, der nicht schon einmal einen unerklärlichen Leistungsabfall, ein nicht einkalkuliertes Verletzungspech oder sonstige Probleme in heiklen Augenblicken seiner Karriere erlebt hätte. Und trotzdem steckt hinter solchen Pannen eine vorerst übersehene Ursache. Die Probleme könnten, ähnlich wie in den Berufen von Managern, in einer effizienten Beratung durch Beobachtung und Aufklärung von außen behoben werden.

Inhaltsverzeichnis

Der Autor

Georg Matuszek Managementpositionen in internationalen Konzernen. Management-Contracting in mittelständischen Unternehmen. Vorstand und Verwaltungsrat mehrerer Unternehmen. Consulting und Coaching, zuletzt Vorstands-Vorsitzender für Unternehmenszertifizierungen. Seminare an internationalen Universitäten und Businessschulen. Buchautor.

Das Berufsleben des Autors spielte sich vorwiegend im internationalen Unternehmensmanagement ab. Parallel dazu pflegte er intensiv seine Affinität zum Sport. Zahlreiche Pokale und Medaillen erkämpfte er sich in verschiedenen Sportarten, vor allem aber im Kampfsport Taekwondo. Wettkämpfer, internationaler Kampfrichter, Trainer, Coach einer Nationalmannschaft, nationaler Verbandspräsident sind Stufen einer Karriere, in denen der Autor diesen Sport nicht nur ausübte, sondern auch als Pionier förderte. So gehörte sein österreichisches Team zu den Gründungsmitgliedern der „World-Taekwondo-Federation", die diesen Sport relativ schnell zur olympischen Disziplin promotete. Nationale und internationale Ehrungen bestätigen sein Engagement für diesen Sport. In der weiteren Folge beschäftigte er sich insbesondere mit Trainingssystemen zur individuellen Leistungssteigerung. In einem Technologie-Netzwerk wurden innovative Technologien entwickelt und vermarktet, die vielen Sportfacetten zugutekommen.

1.1 Zielgruppen

Das Thema Leistungsoptimierung spricht Topathleten genauso an wie beflissene Amateursportler. Doch könnten die dazu gehörenden Fragen auch jene leistungsorientierten Mitmenschen beschäftigen, die ihre Kapazitäten durch sportiven Ehrgeiz aufrechterhalten möchten. Es betrifft auch diejenigen, die vielleicht durch einseitige Überforderung ihre Spannkraft bereits leicht beschädigt haben. Möglicherweise sind sie deswegen in körperliche Schwierigkeiten gekommen, weil ihre Dynamik falsch kanalisiert wurde. Inzwischen sind sie wohl draufgekommen, dass sie mit ihrer Gesundheit falsch gehaushaltet hatten. Sonst würden ja heutzutage „Business-Hochleister" nicht vermehrt Out-Zeiten nehmen, Wert auf organisierte Mittagssiestas legen oder in den Pausen statt auf Fast-Food-Trips auf Muskeltrimm gehen. Dazu muss doch Zeit sein.

Sport liefert Energie fürs Leben, fordert aber auch viel Einsatz von Energie. Also ist es ratsam, sich damit auseinanderzusetzen, wie Energie bestmöglich aufgebaut und aufrechterhalten wird. Wie lässt es sich für den Manager einrichten, immer umfassendere Aktivitäten bewusster und trotzdem entspannter zu erleben? Wesentliche Anreize zur physischen Leistungsfähigkeit kommen aus dem Sport. Exzellente Technologien zur persönlichen physischen und mentalen Entfaltung haben sich entwickelt. Sie eröffnen einen völlig neuen Zugang zum Bewegungsmanagement, der mit dem Gedanken der Nachhaltigkeit Schritt hält.

Problemfelder der Sportvorbereitung

Sowohl Sportler als auch Trainer sind grundsätzlich an innovativen Maßnahmen zur Leistungsverbesserung interessiert. Die Optimierungsprogramme sind auf die Aufgaben des Freizeitsports genauso wie auf die Exklusivleistungen im

G. Matuszek, *Sport für Manager*,
DOI 10.1007/978-3-658-03638-6_1, © Springer Fachmedien Wiesbaden 2014

Profisport zugeschnitten. Beide Seiten arbeiten nämlich mit Akribie an der guten Vorbereitung zur Erreichung ihrer Ziele. Wie kann sich der Mensch besser an die Grenzen seiner sportlichen Leistungsfähigkeit heranwagen? Systeminnovatoren und Technologieprovider sind immer mehr gefragt. Ein Training, das auf technologieunterstützte Methodik verzichtet, fällt im 21. Jahrhundert in die Rückständigkeit. Denn immer neuere Varianten tauchen in Ergänzung zur üblichen Trainingssystematik auf. Heute können unerwartete fehlgeleitete Entwicklungen beim Athleten sofort korrigiert werden. Sportaktive Prophylaxe setzt ein. Die jeweils physische und sporttechnische Ausgereiftheit steht in Beziehung zur jeweiligen Befindlichkeit der Sportler. Nicht alle Innovationen vollbringen sofortige Wunder der Problemlösung. Es wird darauf ankommen, möglichst viele Maßnahmen ausfindig zu machen, die gemeinsam zum gewünschten Erfolg führen.

Sechs Fragen, die Sportler/innen neugierig machen:

1. Was benötigt der Körper in den Hochleistungsphasen?
2. Wie wird die Sauerstoffkapazität hoch gehalten?
3. Wie wird der Körper muskulär bestmöglich auf die Herausforderungen eingestellt?
4. Wie lassen sich Gelenkigkeit und Dynamik in der Bewegung unter Beteiligung der Aktionsschnelligkeit verbessern?
5. Wie wird der jeweilige Trainingsnutzen gemessen?
6. Wie sieht eine optimierte mentale Wettkampfvorbereitung aus?

1. Was benötigt der Körper in den Hochleistungsphasen? Die modernen auf die Naturmedizin abgestimmten Technologien und die verbesserten Produktionen orthomolekularer Substanzen schaffen viele neue Möglichkeiten.

- Wie steht es mit der Überbelastung in der Vorwettkampfphase?
- Welche Vitalsubstanzen fehlen wirklich und welche werden dem Körper unnötigerweise zugeführt?
- Wie wird eine optimale Immunstärkung bewirkt?
- Wie kann sich der Athlet physiologisch für den saisonalen Höhepunkt fitmachen?

2. Wie wird die Sauerstoffkapazität hoch gehalten? Eine der wesentlichen Problemlösungen dafür liegt in einem technologieunterstützten Sauerstofftraining.

- Verbesserung der aeroben Leistungsfähigkeit
- Verzögerung von Übersäuerung
- Vermehrung der Mitochondrien („Kraftkammern der Muskulatur")
- Zunahme der „Vitalkapazität"
- Regulation des vegetativen Nervensystems
- Stützung der Immunzellen
- Regeneration des Gewebes durch Verbesserung des Zellatmungsprozesses
- Einsatz natürlicher Substanzen mit antibakterieller und antiviraler Wirkung.

3. Wie wird der Körper muskulär bestmöglich auf die Herausforderungen eingestellt? Eine der verlässlichen Problemlösungen findet sich in den Methoden der biomechanischen Muskelstimulation. Sie hilft, die Symptome eines Übertrainings zu kompensieren, bei Verletzungen zu therapieren und einer Überbelastung in den Sportaktivitäten vorzubeugen.

- Wie schützen Sportler den hochgetrimmten Bewegungsapparat?
- Wie geht man mit unerwarteten muskulären Dysfunktionen um?
- Was wird dem Körper als muskuläre und meditative Relaxation in den Trainingspausen geboten?

4. Wie lassen sich Gelenkigkeit und Dynamik in der Bewegung unter Beteiligung der Aktionsschnelligkeit verbessern? Dazu wird ein Komplementärtraining an elektronischen Trainingssäcken mit Leistungsmonitoring von Kraft, Schnellkraft, Reaktionsschnelligkeit und Schnelligkeitsausdauer beschrieben. Dieses ermöglicht darüber hinaus auch eine Druckbelastungsmessung für Gleichgewicht und Stabilität im Beinapparat.

- Wie kann ein Sportler an Explosivität hinzugewinnen?
- Wie wird die Beinmotorik optimiert?
- Wie kann der Athlet seinen Entwicklungsstand hinsichtlich Leichtigkeit in der Bewegung, Antrittsschnelligkeit und Dynamik in den Griff bekommen?

5. Wie wird der jeweilige Trainingsnutzen gemessen? Die Antwort geben bioenergetische Messungen, wobei quantenphysikalische Instrumente es ermöglichen, den Trainingsstatus online aufzuzeichnen.

6. Wie sieht eine optimierte mentale Wettkampfvorbereitung aus? Hightechmethoden helfen, den mentalen Zustand konkurrenzreif zu halten. Gemeint ist ein Mentaltraining mit Mind-Mapping und Energie-Incentives.

- Wie können sich Athleten in den wichtigen Phasen mental frei machen?
- Wie können sie das Bewegungs- und Leistungspotenzial mit Hilfe verbesserter mentaler Stärke bestmöglich abrufen?

Die Vielfalt der Ansätze betont den Anspruch auf eine Gesamtschau. Die Befürchtung von Betreuern, sie könnten bei allen technologischen Neuerungen überflüssig werden, ist ungerechtfertigt. Ganz im Gegenteil werden ihr Einsatz und ihre Cleverness gerade in der Anwendung der modernen Technologien gefragt sein. Die innovativen Tools verlangen ja eine detaillierte Arbeit der Planung und Entscheidung. Mit den technologischen Applikationen wird die Kreativität im Coaching erst so richtig herausgefordert. Die innovativen Technologien hindern niemanden in der Betreuung, es noch besser zu machen. Wenn es in der Praxis an der mangelnden Investition in technische Geräte scheitert, dann zeugt das gewöhnlich nur von der fehlenden Bereitschaft sportpolitischer Institutionen, in Neues zu investieren. Dann droht allerdings das Weiterkommen der anvertrauten Athleten zu stagnieren. Wer siegen will, muss immer die Nase vorne haben und der Zeit sogar ein wenig voraus sein.

Geschichtliche Bedeutung des Sports

Sport hatte immer schon seinen besonderen Stellenwert in der Gesellschaft. Ob in religiösen Kulthandlungen, ob in der Demonstration von politischer Macht, ob als gesellschaftliches Phänomen oder auch nur als Vergnügen, Sport war stets im menschlichen Leben prägend. Er war zweckbestimmend und er war auch mit Ritualen verbunden.

Lange bevor der Fußball in England erfunden wurde, gab es ein ähnliches Spiel bereits in China. Die Spielregeln waren dazu bestimmt, die Soldaten in den Heeren an Disziplin zu gewöhnen. Die Freude am Spiel mit einer Art Ball sollte mit konkreten Regeln kombiniert werden, um die Rahmenbedingungen für einen Wettkampf zu schaffen. Der Zweck bestimmte das Spiel. Zu den rigiden religiösen Ritualen in ursprünglichen Sportarten kamen im Laufe der Zeit Elemente der Eleganz und Anmut als Faktoren der Ausführung hinzu. Zuletzt setzte sich der reine Wettbewerbsgedanke durch. Sich kompetitiv zu messen, war zu allen Zeiten an Regeln gebunden.

2500 Jahre ist es nun her, dass Pheidippides nach der Schlacht von Marathon nach Athen lief, um vom Ausgang des Kampfes zwischen Griechen und Persern zu berichten. Heute laufen Menschen einen Marathon, um zu beweisen, dass sie imstande sind, an ihre Leistungsgrenzen heranzukommen. Sport wurde zum

Ausdruck eines Selbstwertgefühls und gehört heute in die Zweckbestimmung des modernen Menschen, sich selbst zu bestätigen. Die Wertschätzung des Sports im sozialen Gefüge ist bis heute eine hohe geblieben.

Sport ist seit eh und je an ein Üben und Trainieren gebunden. Ohne Training gibt es keinen Erfolg. Lange vor den realen Einsätzen im Ernstfall übten sich Kämpfer quer über den Erdball, von Ägypten bis China, fleißig im Bogenschießen, Fechten, Bootfahren, Reiten oder in sonstigen für den Alltag notwendigen Geschicklichkeiten. Dem Menschen war es immer schon erstrebenswert, seine Fertigkeiten zu trainieren. Denn Leistungsfähigkeit schützte nicht nur, sondern war auch Ausdruck von legitimer Macht. Sie unterstützt auch heute noch den gesellschaftlichen Status.

Sport ist kein in sich abgekapseltes Phänomen. Er passt in die Ausprägungen verschiedenster Lebensaufgaben. Es war ein gewisser Baron de Coubertin, Begründer des modernen Olympiagedankens, der eigentlich Kunst, Philologie und Rechtswissenschaften studiert hatte, bevor er daran ging, den olympischen Gedanken wieder zu beleben. Heutzutage kennen wir genug Künstler und Wissenschaftler, die auf die Wertigkeit des Sports setzen. Adelige und Könige der Zeitgeschichte pflegten den Reit- und Polosport, betrieben Kampfsportarten oder begaben sich zum Wettbewerb auf Hochseeregatten.

Die Streiter der modernen Zeit, die Manager, die auf Leistung bedacht sind, sehen die Hingabe zum Sport geradezu als eine Selbstverständlichkeit an. Denn es geht ihnen um den Leistungsvollzug auf allen Ebenen. Zielsetzung ist das Erlangen nachhaltiger persönlicher Fähigkeiten. „Die sportliche Leistung führt zur menschlichen Reife", sinnierte Karlfried Graf von Dürckheim in seinem Buch über Zen. So ist es nicht verwunderlich, wenn Manager sich intensiv sportlich betätigen. Zwar wäre es übertrieben, beim Einstellen von Mitarbeitern im Management ausschließlich auf deren sportliche Kapazität zu achten. Intelligenz bleibt nach wie vor eine Frage der Hirnkapazität. Doch diese wird durch physische Anreize stimuliert. Die psychischen Voraussetzungen sind in einer vom Sport bestimmten Sozialisation unbestritten positiv beeinflusst. Es ist für den Typus Manager vorteilhaft, wenn er sein komplexes Wissenspotenzial aufgrund eines klareren von Willensstärke geprägten Denkvorganges in die Perfektion umsetzen kann. Sportive Charaktere sind es gewohnt, an die Grenzen ihrer Leistungsfähigkeit zu gehen.

Harmonie der Bewegung

Wenn Schwingung unser Leben mitbestimmt, dann ist auch die Harmonie ein zu beachtendes Harmonie Wirkelement. Ein Training glückt dann, wenn Harmonie den Trainingsaufbau prägt. Die Leistungsverbesserung funktioniert am

besten, wenn der gesamte Organismus damit einverstanden ist. Der Bewegungsapparat ist dann fähig, Höchstleistungen zu erbringen, wenn er auch mit seinen
Organsystemen in Eintracht steht.

Die Schlussfolgerung lautet: Training ja, aber gewusst wie, damit nicht Ro-
bert M. Hutchins mit seiner Feststellung recht behalte: „Meine ganze körperliche
Ertüchtigung besteht darin, auf die Beerdigungen meiner sportlichen Freunde zu
gehen." Nicht diejenigen haben schlussendlich recht, die für das Nichtstun eintre-
ten. Bewegung ist ein Postulat an die menschliche Leistungsfähigkeit. Sie will mit
Umsicht und Vorausschau geplant sein. Der Mensch ist in seiner Persönlichkeit
stets in Bewegung. Wenn er sich physisch in Bewegung hält, unterstützt er seine
Beweglichkeit auch im übertragenen Sinn. Was ist Bewegung? Der Anthropologe
Johannes Buytendijk definierte Bewegung einmal ganz anders, nämlich als eine
Verhaltensleistung.

Das Wissen von der richtigen Bewegung wirkt in die unterschiedlichsten Ebenen hinein. Im Sport sind zur Beherrschung der Bewegungsmuster vornehmlich
die Anatomie, die Physiologie, die Psychologie und die Bewegungsmechanik
angesprochen. Ein Training, das harmonisch aufgebaut wird, gewährleistet zu-
friedenstellende Ergebnisse in der Bewegungsleistung. Es nimmt selbstverständlich
auf die Vorgaben des Individuums Rücksicht. Das Axiom der Verhaltensleistung
gilt für alle, auch für diejenigen, die mit unterschiedlichen oder gar eingeschränkten
Bewegungsformen konfrontiert sind. Sonst könnte es ja auch keine „Paralympics"
mit ihren bewundernswerten Vorbildern geben.

Der Leistungsbegriff

Dass Leistung ohne Anstrengung erfolgt, wird immer ein Irrtum bleiben. Das gilt
vor allem für den Sport. Ein bloßer Spaziergang bringt für die Gesundheit außer
ein bisschen frischer Luft nicht viel. Für Erfolge in der Bewegungsleistung sind
Mindestbelastungen notwendig. Sportlich aktive Menschen müssen sich dessen
bewusst sein, dass zu den Grundsätzen eines Trainingsaufbaus ein Belastungsminimum und ein Belastungsanstieg gehört. Die Anpassung an die individuellen
physiologischen Gegebenheiten ist enorm wichtig. Für gesunde Menschen sind in
der sportlichen Betätigung allerdings Kuschelmechanismen wie Nordic-Walking
irrelevant. So wichtig die gut vermarkteten Stöcke für gehandicapte oder verletzte
Personen sind, um dennoch im Training zu bleiben, sind die gleichen Instrumente
für Normalverbraucher kontraproduktiv. Das Gehen, vor allem das Bergaufge-
hen, ist von der Natur so geplant, dass es ohne Hilfe der Arme erfolgt, damit die
Beinmuskulatur gestärkt und der untere Bewegungsapparat gesund erhalten wird.

Will man die Armmuskulatur fördern, hat man sich auf andere Möglichkeiten der Ertüchtigung zu konzentrieren, bei denen ja auch nicht unbedingt die Beine zur Hilfe gezogen werden. Sollte etwa die nächste Trendsportart Nordic-Biking, Nordic-Football oder gar Nordic-Swimming heißen? Wir sehen uns mit Prinzipien konfrontiert, die nicht allein für den Leistungssport Gültigkeit haben. Vor allem wenn wir Menschen im Trend des immer Älterwerdens stehen, kommt es auf die Bewegungsertüchtigung im Sinne von Bewegungsfreiheit an. Wir stellen uns die Frage, wie die dazugewonnenen Jahre positiv gelebt werden können. Dabei kommen wir nicht umhin, auf Irrtümer zu achten, die nicht selten im unprofessionellen Wellnesssektor vehement und unsachgemäß propagiert werden.

Bewegungsmanagement gehört zur Lebenshygiene. Sport ist eine wesentliche Voraussetzung, um sich im eigenen Körper wohl zu fühlen. Die Attraktivität der Bewegung geht von der Gesamtgestaltung des Individuums aus. Damit wir uns in der Bewegungsleistung wohl fühlen, ist es ratsam, dass wir uns mit den einzelnen Bewegungsmechanismen und mit einer effizienten Trainingsplanung auseinandersetzen. Dazu zählt auch die Maßregel, sich richtig zu ernähren und die mentalen Ressourcen zu stärken.

Dem „restrict of calories" der Ernährungsapostel wird die Zufuhr der richtigen Vitalstoffe zur Erbringung einer Leistung entgegengehalten. In direkter Beziehung zur Energiesteuerung im physischen Bereich steht der Energiehaushalt im mentalen Spektrum. Wie wird das „System Mensch" gesteuert? Eine provokante Frage drängt sich auf: Wo kommen all die vielen Herzkranken, Hypertoniker, Müden und Untüchtigen her? Die Fragen werden persönlich: Waren Sie schon mit unerklärlichem Leistungsabbau bei sich selbst konfrontiert? Haben Sie schon einmal plötzliche Formschwächen bei Mitarbeitern registriert? Phänomene des Leistungsdefizits erleben sogar Olympia-Medaillengewinner, die plötzlich in ein unerklärliches Formtief stürzen.

In den Personalabteilungen von Wirtschaftsunternehmen wird der Aspekt der Fehlzeiten von Mitarbeitern zu einem ernstzunehmenden Faktor. Sie verbergen einen großen ökonomischen Schaden. Corporate-Fitness-Management ist ein nicht zu übersehendes Angebot zur Lösung des Problems. Nur topfitte Manager und Mitarbeiter schaffen auch nachhaltige Unternehmenserfolge. Deswegen wird neuerdings in den Assessment-Centern die umfassende Fitness bei der Beurteilung von Spitzenkräften mitberücksichtigt. Die Akzeptanz des Fitnessmanagements hat in den Betrieben Einzug gehalten.

Leben lässt sich allgemein weder definieren noch begreifen. In Teilaspekten lässt es sich aber wenigstens beschreiben. Leben ist Bewegung, Leben ist Schwingung, Leben ist Physik, Leben ist Chemie, allerdings nicht im Sinne von Chemiekonzernen. Leben ist Betrachtung und Perzeption, Leben ist Information. Energie als Bindeglied zwischen dem Menschlichen und dem Kosmischen ist primär etwas Religiöses. Energie hat aber auch ihre geerdeten Akzente. Dann stehen die persönliche Leistungssteigerung, Erholung, Zeitbewältigung und die persönliche Effizienzgestaltung auf dem Programm. Wer die Akzente richtig setzt, wird sich in seinen Bemühungen lebendig aktiv fühlen.

Wenn wir der wissenschaftlichen Argumentation folgen, ist die genetische Kapazität des Menschen auf weit über 100 Jahre Lebenserwartung programmiert. Die Erreichung eines solchen Alters ist dann eigentlich nichts Ungewöhnliches. So gesehen müssten wir doch mehr Verständnis für Gesundheitsvorsorge und Fitness aufbringen können. „Inzwischen wird immer klarer, dass das, was wir essen, trinken, atmen, tun und denken, bis ins Erbgut kriecht, schlimmer noch – an unsere Kinder und Kindeskinder vererbt wird. Die Forschungen zeigen aber auch, dass wir eine große Chance haben, unserer Leben und das unserer Kinder positiv zu beeinflussen" sagt der Epigenetiker Dr. J. Huber.

Leistung bedeutet insofern Lebensqualität, als wir nicht nur am Leben bleiben, sondern im Leben bleiben wollen. Wir loten Grenzen aus und leben intensiv, weil wir physisch, geistig und spirituell aktiv sein wollen. Wer früh stirbt, braucht nicht jung zu bleiben. Aber vierzig Jahre als Greis leben kann schlimm und jämmerlich sein. Körperliches Wohlbefinden gibt uns die Möglichkeit einer regen Aktivität bis ins hohe Alter.

Aus physiologischer Sicht verbessert Sport die Eigenblutversorgung des Herzens und beeinflusst auf bestmögliche Weise das Atemsystem. Die positiven Auswirkungen auf die Knochenkonsistenz, auf die Widerstandsfähigkeit der Knorpel, auf die Eigenelastizität der Bänder und auf die Reißfestigkeit der Sehnen interessieren nicht nur Sportler, sie sind eminent wichtig für den älter werdenden Menschen. Bewegung wird zum Ventil im Körper und im Kopf. Sport kann überdies das Denken positiv beeinflussen. Durch sportliche Aktivität wird im Gehirn etwas bewegt, das die geistige Kapazität steigert. Psychische Konflikte gehen bekanntlich auch in die Muskulatur – und umgekehrt. Es ist wichtig, sich freizuspielen, sich nicht aufbrauchen zu lassen. So wird Sport zum grundlegenden Faktor beruflicher Leistung und persönlicher Niveausteigerung.

Das Tun allein ist allerdings zu wenig. Um effizient zu bleiben, braucht man auch Wissen. Um Wissen effizient anzuwenden, bedarf es langer Vorlaufzeiten. Deswegen gibt es im Sport ebenso wie in der Wirtschaft ein Coaching. Der kleinste Fehler kann oft schon einer zu viel sein, will man ein Ziel exakt erreichen. Wer Leistung oder gar Höchstleistung vollbringt, der braucht jemanden, der ihm zusieht und der ihn fachmännisch berät. Auch der fleißigste Leistungssportler braucht die Beziehung zu einem objektiven Ansprechpartner.

Wie steht es in diesem Zusammenhang um die mentale Betreuung? Mentale Stärke wird spürbar, wenn wir gedankliche Harmonie beherrschen, einfach loslassen können, neue Erfahrungen bewusst aufnehmen, Offenheit aushalten und das Bewusstsein erweitern. Wir erreichen diesen Zustand, indem wir den Raum der Verinnerlichung betreten, den wir zur Regenerierung brauchen. Die innere Elastizität und Fitness rundet den mentalen Rahmen ab. Gemeinsam mit dem richtigen Atmen dringen positive Gedanken in unser System. Geist und Körper werden entspannt und vibrieren voller Energie. Energie und Vitalität werden nicht durch Automatismen, sondern viel mehr durch positive Suggestionen erneuert. Ein falscher Einsatz der Kräfte ist für den Verschleiß der eigenen persönlichen Ressourcen verantwortlich.

In der mentalen Fitness genießen wir die Bilder der Ruhe und der inneren Zufriedenheit. Wir gewinnen ein umfassenderes Bewusstsein und schenken dem Körper ausschließlich gute Zutaten in der Entspannung. Wir lassen die Außenwelt los und erkennen, was unseren Körpern gut tut. Wir erkennen sogar die Vorzüge für die unmittelbare, vielleicht auch für die fernere Zukunft. Indem wir uns an die Regeln der Fitness und Gesundung halten, werden wir uns mit unseren Zielen eins fühlen und spüren, wie eine neue Qualität gelebt wird.

Der Kreis der Wellbeing-Lösungsangebote wird in einer Art Playstation zur Sportoptimierung geschlossen. Es beginnt bei der Diagnostik, die den Energiestatus des Menschen misst und vor Überforderung oder sonstiger Funktionsstörung schützen soll. Dabei ist der Sauerstoffpartialdruck ein wichtiger Indikator für Fitness und Gesundheit. Sodann wird die Bewegungsoptimierung durch Muskelaufbau, Relaxation und Muskelregeneration beschrieben. Bestimmte Schwingungsfrequenzen helfen, das Muskel-, das Lymph- und das neuronale System zu verbessern. Damit der Körper wunschgemäß reagiert, braucht er intelligente, zielgenau angepasste Reize, ganz gleich, ob Muskeln zugelegt, die Ausdauer verbessert oder auf Fatburning gesetzt wird. Besondere Bedeutung erhalten die Maßnahmen einer intensiven Rekreation, die sich auch auf eine umfassende Immunstärkung erstrecken. Abschließend wird darauf eingegangen, wie sich in einem modernen Mentaltraining die Reaktionsmuster im Gehirn auf ein Optimum trainieren lassen.

Optimierung im Hochleistungssport

2

2.1 Biomechanisches Stimulieren

Alles Leben ist Schwingung. Im Gehirn stellen sich Schwingungen als bioelektrische Vorgänge dar. Tagsüber befindet sich der Mensch bei 0,5 bis 35 Hz, 0 Hz bedeutet Tod. Auch die Muskeln schwingen ständig in einer gewissen Amplitude, selbst im Ruhezustand. Biomechanisches Stimulieren bedeutet nichts anderes, als die biologischen Schwingungen zu imitieren und zielgerecht einzusetzen. Die mechanischen Vibrationen wirken in bestimmten sinusförmigen Schwingungsweiten auf das neuromuskuläre System. Gleichzeitig werden über die Nervenbahnen auch andere Muskelketten angeregt. Dies ist für die Beweglichkeit des ganzen Muskelsystems und für die intermuskuläre Koordination notwendig.

Biomechanische Simulation, ist mehr als bloß eine Stimulierung der Muskelfasern. Mit der Unterstützung von BMS werden die neuromuskulären Übertragungen, der Muskeltonus, der Blutzuckerhaushalt und die Hautelastizität verbessert. Die biomechanischen Reize werden im neuromuskulären Bereich bei Dysfunktionen, bei Muskelermüdung und zur Prophylaxe eingesetzt. Sie verbessern die Zustände bei Arthrosen, Muskelkater, Adduktorenverhärtung, bei Sportproblemen im Oberschenkel, im Hüftbereich, im Sprunggelenk und im Ellbogengelenk. Sie wirken sich günstig aus auf Schmerzbehandlung und werden zum Muskelaufbau verwendet. Und sie spielen eine nicht zu unterschätzende Rolle im mentalen Raum bei der Angstbewältigung und beim Konzentrationsaufbau.

Der Bewegungsapparat wird effektiv gehalten, wenn die Muskeln systemisch aufgebaut werden und eine gute Möglichkeit zum Regenerieren erhalten. Er bleibt gesund, wenn er nach getaner Arbeit immer rechtzeitig relaxiert wird. Richtiges Timing und ein gut konzipiertes Training erreichen die besten Ergebnisse. Nichts kann ein aktives Körper-Training ersetzen. Es ist dazu da, das Eintreten von Ermüdung bei größeren Anstrengungen zu verzögern. Eine zusätzliche passive Aktivierung über spezielle Tools perfektioniert das Gesamtsystem. So bekommt man

G. Matuszek, *Sport für Manager*,
DOI 10.1007/978-3-658-03638-6_2, © Springer Fachmedien Wiesbaden 2014

Abläufe in den Griff, die Beschwerden wie Krämpfe, Seitenstiche, Magenprobleme
etc. von der Sportperformance fernhalten.

Mit Stretching allein bewirkt man noch nichts gegen einen Kaltstart beim Work-
out, wenn lange Reisen oder längeres motorisches Nichtstun vorangegangen sind.
Da hilft die biomechanische Innervation, da sie den Muskelstoffwechsel rasch
anregt. Dazu kommen noch die Effekte des Muskelaufbaus und der Gelenksbe-
weglichkeit. Warum erzielt die biomechanische Stimulation diese motorischen
Pluspunkte? Afferenzen leiten die Informationen des Körpers an den Hirnstamm.
Die zentrale Ermüdung ist über mechanische Stimulation zentral beeinflussbar. Auf
diese Weise reduziert sich die Dyskoordination der Muskulatur bei Ermüdung. Die
kontraktiven Eigenschaften der Muskulatur werden verbessert.

Bei Überbelastung bewirkt ein biomechanisches Muskelstimulieren eine deut-
liche Verbesserung des Laktatstatus. Deswegen erweisen sich die Tools der
biomechanischen Stimulation optimal zur Trainingsunterstützung vor allem in
einem zeitökonomischen Warm-up und Cool-down. Sie sind vorzugsweise einsetzbar zur Verletzungsvorbeugung sowie bei der raschen Rehabilitation nach
Verletzungen.

In den „Academic dictionaries and encxclopedias" ist nachzulesen, dass 1943 der
österreichische Neuropathologe Hubert Rohracher diesen Schwingungsprozess an
den Sehnen entdeckte. Wassili Kusnezov untersuchte an der Sportuniversität Mos-
kau die Synchronisation der Schwingungen der einzelnen Muskelfasern, also den
Aktivitätstremor: Der Biomechaniker Professor Vladimir T. Nazarov, Mitglied an
der Akademie der Wissenschaften der ehemaligen Sowjetunion, entwickelte Tools
zur „Biomechanischen Muskel-Stimulation" für die Optimierung der Muskelbe-
weglichkeit. Die Schwingungen, die auf erprobten Schwingungsweiten beruhen,
werden über die longitudinalen Muskelketten übertragen und wirken im vorge-
spannten Muskelzustand auf die gewünschte Körperzone. Dies gelingt, indem
die Muskelpartien beim biomechanischen Stimulieren durch eine entsprechende gymnastische Position in Anspannung gebracht werden. Die Schwingungen
liegen zwischen 20 und 40 Hz und einer Amplitude von 4–6 mm. Die verstärken-
de sinusförmige Fremdstimulation einer angespannten Muskulatur führt zu einer
Längsvibration wie bei maximaler Sportbelastung. Die Mechanorezeptoren werden angereizt und beeinflussen das Zentralnervensystem. Es kommt zur optimalen
Koordination zwischen dem zentralen und dem peripheren Nervensystem.

Mit diesen physiologischen Prozessen haben verschiedene Rüttelplatten nichts
gemeinsam. Ohne die berechnete Sinusschwingung nützt das bloße Vibrieren
wenig. Auch beliebig angelegte elektrische Wundergürtel täuschen lediglich un-
strukturierte Bewegungen vor. Die ersten medizinischen Bedenken tauchten auf,
als darauf verwiesen wurde, dass Elektroreize keine natürlichen biologischen Vorgänge sind. Sie verursachen kleinflächige Zerstörungen im Gewebe und sie führen

Tab. 2.1 BMS Einsatzfrequenzen

Frequenzen (Hz)	Anwendungsbereich
17–22	Einfluss auf die lymphatischen Systeme
20–24	Durchblutungsverbesserung, Muskelaufbau, Muskeldehnung
24–26	Nervenstimulation
26–28	Lösung von Spastiken
28–30	Einfluss auf Zentralnervensystem
32–35	Analgetischer Effekt; Schmerztherapie

zur Überregung der neuronalen Struktur im Gehirn. Auch auf die Blutgefäße im Gehirn wirkt sich die Elektrostimulation negativ aus. Was einmal ein großartiger Erfolg in der Medizin bei Rückenmarksverletzungen sein wird, sollte nicht gleich auf den Normalverbraucher appliziert werden, denn es ist nicht notwendig mit Kanonen auf Spatzen zu schießen. Natürlich ist es reizvoll, auf einfache Weise über elektrische Stimulation oder Pillendoping den Muskelaufbau zu steigern. Es geht aber auf Kosten des Gewebes, der Nervenstruktur und der Knochenbeschaffenheit. Statt eines solchen Dopings ist mehr Sport und Fitness angesagt. Die biomechanische Stimulation ermöglicht so ein passives Stretch-Erlebnis. Sie wird übrigens auch auf gängige Trainingsgeräte appliziert.

Das biomechanische Stimulieren der Muskulatur beschränkt sich nicht allein auf die Leistung des Beinapparates. Auch die Schulterbeweglichkeit oder die Dehnungsspannung in anderen Körperpartien wird gezielt verbessert. Da die biomechanische Stimulation maximale Dehnungen im Muskel- und Sehnenapparat ermöglicht, lässt sich leicht ermessen, für welche Vielfalt an Sportarten diese Bewegungsoptimierung in Frage kommt. Zudem wird die Blutzirkulation an den ausgewählten Körperpartien verstärkt und der Stoffwechsel aktiviert. Experimentelle Untersuchungen am isolierten Muskel haben bestätigt (Prof. Nazarov), dass die Längsvibrationen im Muskel die Pumpfunktion in den Kapillaren bis zu 30 % erhöht. Im Folgenden wird aufgezeigt, in welchen Frequenzbereichen die biomechanische Stimulation unterstützend eingesetzt werden kann.

2.2 BMS-Geräte

Die „Megamover"-Großgeräte der Biomechanischen Stimulation werden zum Ganzkörpertraining verwendet. Mit einer eingebauten Hydraulik wird die Schwingungsfläche (Trepitode) in die optimale Position für das Training der unterschied-

Tab. 2.2 BMS in der Wettkampfvorbereitung vor Ort

Zeit	Muskelpartie	BMS
Start minus 90 Min	Allgemein Lymph-Entstauung	18 Hz/je 1 Min
	Warm-up	26 Hz/je 2 Min
Start minus 50 Min	Sportspezifische Muskelgruppen	26 Hz/je 1 Min
In den Wartepausen	Lymphatisch	18–20 Hz

Tab. 2.3 BMS-Schmerzbehandlung vor Ort

Zeit	Muskelpartie	BMS
in den Pausen	Betroffenes Muskelsystem	30 Hz/2 Min Schmerz-bekämpfung

lichen Körperpartien eingestellt. Bedient wird das Trainingstool über ein digitales Steuergerät mit Einsatzfrequenzen von 12 bis 40 Hz. Wichtig ist, dass zum Trainieren der intermuskulären Koordination die betroffenen Muskelketten vom Sportler in Anspannung gebracht werden.

Das effektive passive Training einer Körperpartie dauert nicht länger als 3 min. Längere Beanspruchungen wären kontraproduktiv, ja sogar durch Muskelkater unangenehm spürbar. In vielen renommierten Rehabilitationszentren und Sportkliniken gehört dieses Gerät bereits zur Standardausrüstung. Auch in Sportvereinen, Fitnessstudios und mobilen Stationen (Fitness-Trucks im Radrennsport) wurde dieses Equipment für ein Aufwärm- oder Zusatztraining aufgestellt. Sogar in privaten Haushalten finden diese Fitnessgeräte ihre Verwendung.

Die kleineren Handgeräte bestehen aus einem Trainingselement, das von Hand zur jeweils zu trainierenden Körperpartie geführt wird. Die Trepitode am Kopf des Geräts ist entsprechend kleiner. Demzufolge bedarf es einer längeren Trainings- oder Therapiezeit für die gewünschten Körperpartien (bis zu acht Minuten) als beim Großgerät. Die Einsatzfrequenzen reichen aber immerhin von 17 bis 30 Hz. Gerne werden solche Geräte von Sportlern auf Reisen zu Wettkämpfen mitgenommen.

Das kleinste Handgerät mit entsprechend noch kleinerer Trepitode wird für kosmetische Zwecke, meditative Übungen oder zur Meridianmassage verwendet. Außerdem haben Augenärzte ein Anwendungsfeld in der biologischen Augenheilkunde entdeckt. Dies könnte im sportlichen Zielgruppenspektrum besonders die Golfer, Schützen oder Biathleten interessieren.

2.3 Biomechanik in der Höchstbelastung

Was bewirkt die von Professor Nazarov entwickelte Stimulation? Sie erhöht die Durchblutung der beanspruchten Muskulatur und regt den Stoffwechsel an, die Muskulatur wird gestärkt und die Gelenkbeweglichkeit verbessert. Über die Nervenbahnen gehen Signale aus den arbeitenden Muskeln an die zentralen Stellen im Gehirn. Auf diese Weise wird die für die meisten Sportler wichtige Muskelkoordination optimiert. Probleme, die im Bewegungsapparat auftauchen, wie Schmerzen, können verblüffend rasch gelindert werden.

Der hochgetrimmte Bewegungsapparat lässt sich also mittels biomechanischer Stimulation vor Überbelastungen schützen. In den Pausen zwischen den Trainingseinheiten können die Sportler mit BMS muskulär und meditativ relaxieren. Hat das Monitoring etwa über quantenphysikalische Methoden oder über Meridiandiagnose eine Dysfunktion geortet, kann diese sofort über BMS bearbeitet werden. Die Stimulation regeneriert die Muskulatur auf schnelle Art, verbessert den Muskeltonus und lässt die Sportler in der Folge die technischen Bewegungselemente dynamischer ausführen.

Ist kein großes Standgerät vorhanden, verwenden die Sportler für unterwegs tragbare Handgeräte. Mit diesen Hand-Tools bringen sich nicht nur in eine gute Konditionsform, sie regeln auch die für ihre Sportart notwendigen Bewegungsmuster, verbessern die Beinmotorik und erhöhen die Effizienz der intermuskulären Koordination für die Höchstbelastung. Im passiven Training vollziehen sie somit einen natürlichen Muskelaufbau und bereiten sich mit einem zeitökonomischen Warm-up auf die jeweiligen Trainingseinheiten vor. Die Muskulatur wird auf den Punkt genau flexibilisiert. Wenn es die Sportart erfordert, wird auch die Dehnungsweite der Gelenke maximiert. Angeregt werden zudem der Stoffwechsel, das Lymphsystem und das vegetative Nervensystem. Davon profitiert nicht nur das allgemeine körperliche Befinden. Gelenk- und Knorpelschäden oder Gelenkarthrosen wird bestmöglich vorgebeugt. Mithilfe dieser Tools therapieren sich Sportler selbst und beschleunigen die Regeneration nach Verletzungen.

2.4 BMS-Anwendungen

Auf dem Weg zu einem optimal eingestellten Bewegungsapparat, der sich mit Maximalkraft, Schnellkraft oder Kraftausdauer auseinandersetzt, helfen begleitende Maßnahmen der biomechanischen Muskelstimulation.

- Zeitökonomische Konditionsverbesserung
- Rasche Warm-up- und Cool-Down-Unterstützung
- Behandlung muskulärer Dysfunktionen
- Schutz des Bewegungsapparates
- Verletzungsvorbeugung
- Rehabilitationsmaßnahmen nach Verletzungen, Muskelaufbau, Gewebsstärkung
- Schmerztherapie
- Meditative Relaxation mit Kleingeräten

Unabhängig von der Nazarov-Technologie, aber in die gleiche Richtung forschend, entwickelte in Taiwan Dr. C.Y. Chen eine Vibrationstechnik, die inzwischen auch im Westen unter dem Namen „Zhendong"-Massage mit speziellen Geräten verbreitet ist. Auch hier wird eine bestimmte Vibrations-Frequenz definiert, die bei angespannter Muskulatur bis zu 30 Hz ansteigen kann. Muskelrhythmik lässt sich von außen stimulieren (∗). An diesen Sportgeräten wird die Vibration durch eine Massage mit Gurtbändern für Bauch, Rücken und Nacken und einer Stimulation der Fußreflexzonen über Noppen auf der Grundplatte ergänzt. Regenerierende Impulse werden also dem gesamten Körper zugeführt. Die ganzheitliche Mikrovibration erinnert an die unbewussten Effekte der sanften Bewegungsformen von Tai Chi und Qi Gong.

(∗) Prof. Wildor Hollmann, Sporthochschule Köln, Dr. Ulrich Randoll, Matrix-Rhythmus-Therapie, Universität Erlangen

2.5 BMS-Therapie bei Sportverletzungen

Will der Athlet sportliche Belastungen mit Erfolg und ohne gesundheitliche Reibungsverluste bewältigen, wird er seine Motorik auf sein höchstes persönliches Niveau aufbessern. Zu diesem Zwecke arbeitet er im Training am Muskelaufbau und an der Dehnbarkeit der Sehnen stetig weiter. Der Erfolg hängt von der Trainingsplanung ab, die von einer BMS-Unterstützung lediglich flankiert wird. Eine zusätzliche Bedeutung erhalten die BMS-Tools dort, wo es um Rehabilitation, um das konkrete Reparieren von Störungen im Bewegungsapparat oder um Schmerztherapie geht.

Im sporttherapeutischen Zusammenhang sollte auch das innovative Gamma-Swing-Gerät erwähnt werden, eine Erfindung des österreichischen Orthopäden Dr. Gundolf, Kufstein, zur Extensionsbehandlung bei Rücken-, Wirbelsäulen- und Beckenproblemen nach Sportverletzungen.

2.6   Status-Bestimmung – Mehrwert für das Training

Eine ordentliche Trainingsplanung ist naturgemäß von einem ständigen Controlling begleitet. Die Meridiandiagnose online hilft, physiologische Überbelastungen sofort zu orten. Mit ihrer Hilfe können der Trainingszustand und die Energetik vor Ort beobachtet werden. In der Vorwettkampfphase ist dies besonders wertvoll, um unerwarteten Einbrüchen im Wettkampf vorzubeugen. Diese Methode der Statusbestimmung kommt aus der Raumfahrt und beruht auf den Erkenntnissen der Traditionellen Chinesischen Medizin. Die Messung des Hautwiderstandes an den Anfangs- und Endpunkten der Meridiane liefert eine ganzheitliche Aussage über den Energiestatus der Meridiane und Organe. Schwachstellen im Organismus, Hypo- oder Hyperfunktionen werden rasch erkannt. Der Vergleich mehrerer Messungen macht Blockaden im physischen System deutlich sichtbar. Liefern die Messungen ungünstige Ergebnisse, sollten die Trainer die Trainingsplanung ändern.

Weitere präzise und rasche Diagnostik über physiologische Störungen der Athleten bieten quantenphysikalische Tests. Dort werden mögliche Dysfunktionen über den Parameter der Herzschlagvariabilität berechnet. Aufgrund eines solchen Monitorings kann der Trainingsplan minutiös auf den Zustand des Sportlers hin abgestimmt werden. Außerdem leiten sich daraus begleitende Maßnahmen zur Immunstärkung und zur orthomolekularen Unterstützung oder zur präventiven Muskelbehandlung ab. Ein methodisches Monitoring der Befindlichkeit ist der erste Schritt für sinnvolle Trainingsinhalte.

In der Vor-Wettkampfphase läuft sowohl die sporttechnische als auch die physiologische Trainingsvorbereitung auf Höchsttouren. Sobald die Trainingsstrategie und die spezifische Sporttechnik auf den nahenden Saisonhöhepunkt ausgerichtet sind, muss auch physiologisch alles getan werden, um den Bewegungsapparat der Athleten zu stärken, damit es zu keinem vorzeitigen Leistungsabfall kommt.

2.7   Trainings-Monitoring

Stellen Sie sich als Sportler, Trainer oder Coach vor, die eine oder andere Innovation stünde zu Ihrer Verfügung. Was würden Sie im Training anders machen? Wenn Sie laufend Daten über den Zustand gemäß dem Trainingsverlauf erhielten, könnten Sie eine Menge raffinierter Inputs in die Trainingsplanung einfließen lassen.

- Reaktionsmessung
- Messung der Explosivität von Bewegungen
- Footprint-Dynamic-Motion-Analysis (Druckbelastungsmessung)
- Hightech-Equipment im Mentaltraining

Sensor-Trainingsgeräte helfen den Athleten, ihren Entwicklungsstand hinsichtlich Kraft- und Schnellkraft zu beurteilen. Die daraus resultierenden Ergebnisse sind Anreiz für ein Training an Sensor-Schlag-Tools, die die Explosivität der Bewegung und die Motorik der Arme und Beine verbessern. Electronic-Punch-Meter sind digitale Trainingsstationen, die die Schlagstärke, die Aktions- und Reaktionsfähigkeit und die Schnellkraft von Athleten messen. Ins Auge gefasst werden der Absprungimpuls, die Schlagkraft und die Zeit des zurückgelegten Weges. Textilsensoren und ein Prozessor sind die Grundausrüstung für ein Equipment, das je nach Sportart individuell konstruiert werden kann.

2.8 Aktionsschnelligkeit und Dynamik in der Bewegung

Üblicherweise wird zur Verbesserung der Schnelligkeit ein Training durchgeführt, bei dem die Bewegungsfolgen möglichst rasch ausgeführt werden. Mit der Erhöhung der Maximalkraft verbessert sich die Schnelligkeit der Muskelkontraktionen und mit der Verbesserung der intermuskulären Koordination im Technikbereich wird eine optimale Schnellkraft erreicht. Eine Mischung aus Willenskraft, Körperspannung und Explosivität macht die Zusatzingredienzien zur Vervollkommnung der sportmotorischen Beschleunigung aus.

1. Wie erreichen Sportler mehr Schwung im Bewegungsablauf, mehr Flexibilität im Muskelapparat, mehr physische Widerstandskraft in der Hochbelastung, mehr mentale Resistenz?
2. Wie können Manager, Berufstätige und generell leistungsorientierte Menschen von den Optimierungsmethoden profitieren?
3. Wie steht es um die Überbelastung in der Vorwettkampfphase?
4. Wie wird die Immunstärke bestmöglich gewährleistet?
5. Wie kann sich der Athlet gezielt auf den berühmten „Höhepunkt" hin physiologisch fitmachen?
6. Wie lässt sich ein unerklärlicher Leistungsabfall analysieren?

Antworten darauf geben ein vorgelagertes elektronisches Trainingsmonitoring, eine gesteuerte Sauerstoffzufuhr und der Einsatz der biomechanischen Muskelstimulation.

2.9   Sauerstoffoptimierung

Für alle Trainingsformen der Sportmotorik ist die Herbeischaffung von Energie zwingend. Die Energiegewinnung im Muskelstoffwechsel hängt vom Maß der Sauerstoffzufuhr ab. Die Atmungsketten im menschlichen Organismus sind an Sauerstoff gebunden.

- Sauerstoffoptimierung in Training, Wettkampf und in schwierigen Leistungssituationen über die Einnahme von sauerstoffangereichertem Wasser
- Zunahme der ‚Vitalkapazität' (enzymatische Reaktionen der Atmungskette)
- Regulative Wirkung auf den Sympathikus und Parasympathikus
- Förderung der Immunzellen
- Verbesserung des Zellatmungsprozesses
- Antibakterielle und antivirale Wirkung
- Verbesserung der aeroben Leistungsfähigkeit
- Verzögerung der Übersäuerung
- Vermehrung der Mitochondrien

2.10   Sauerstofftraining

Ergänzt wird das ganzheitliche biomechanische Programm durch eine perorale Optimierung der individuellen Sauerstoffkapazität. Sauerstoff ist die Hauptenergiequelle für unseren Körper und die Quintessenz für jede physische und mentale Leistung. Am effektivsten und einfachsten ist Sauerstoff peroral einzunehmen. Dies wird über das Trinken von sauerstoffangereichertem Wasser ermöglicht. Mit energetisch angereichertem Sauerstoffwasser nimmt die Vitalkapazität zu, der Zellatmungsprozess verbessert sich. Außerdem unterstützt sauerstoffangereichertes Wasser die Wirkung der biomechanischen Muskelstimulation, da der Sauerstoff regulativ auf den Sympathikus und Parasympathikus wirkt.

Wenn Athleten die Funktion ihrer Nervenzellen verbessern wollen, werden sie auf eine optimierte Sauerstoffzufuhr achten. Eine gute Sauerstoffzufuhr hält die Lungentätigkeit in Schwung, optimiert den Herzkreislauf und beschleunigt den Nährstoffumsatz im Gewebe und in den Muskeln. Bei Sauerstoffmangel sterben Sinneszellen ab. Sauerstoff ist bestimmend für das Funktionieren der Immunzellen. Sportler spüren die physischen Defizite vor allem dann, wenn sie nach einer langen aktiven Sportsaison am Ende ihrer Kräfte sind. Sauerstoff hilft, die aerobe Leistungsfähigkeit zu verbessern, den Zustand der Übersäuerung zu verzögern und die Mitochondrien zu vermehren.

2.11   Sauerstoffkapazität

Tägliche Sauerstoffoptimierung und viel Flüssigkeit fördern das nachhaltige Wellbeing. Als lebensnotwendiges Element spielt der Sauerstoff in der Medizin schon seit Langem eine bedeutende Rolle. 35 % der Menschen leiden unter chronischem Sauerstoffmangel. Für das Erbringen von Spitzenleistungen im Sport ist die Sauerstoffkapazität von grundlegender Bedeutung. Spätestens seit dem Messen des Sauerstoffpartialdrucks weiß man von der Bedeutung des Sauerstoffs für die Gesundheitsvorsorge. Mit zunehmendem Alter, aber auch bei ungesundem Lebensstil, beim Rauchen, nach übermäßigem Alkoholkonsum oder nach Infektionskrankheiten nimmt der Sauerstoffpartialdruck im Körper ab. Messungen haben ergeben, dass schon 20 min nach dem Trinken von sauerstoffangereichertem Wasser der Sauerstoffpartialdruck im Körper um 25 % ansteigt. Das bedeutet, neben Verbesserung der aktiven physischen Leistungsfähigkeit, eine Unterstützung der Immunzellen und eine effiziente Geweberegeneration. Manche Wissenschaftler sprechen sogar von antibakteriellen und antiviralen Effekten.

Die orale Oxygen-Therapie wurde 1988 von Professor Pakdaman (1992) entwickelt. Professor Dr. Schoenberg[1] zeigte 2002 auf, dass Sauerstoffwasser über den Magen-Darm-Kanal sehr gut aufgenommen wird. Als Erstes profitiert der Dünndarm von der erhöhten Sauerstoffzufuhr und steigert markant die Abwehrkräfte. Neben den zahlreichen medizinischen Indikationen von sauerstoffangereichertem Wasser haben Forschungen des Walther-Straub-Instituts für Pharmakologie und Toxikologie der Universität München ergeben, „dass die Einnahme von Sauerstoffwasser auf natürliche Art zur Steigerung von sportlichen und körperlichen Leistungen führt. Durch die Sauerstoffanreicherung im Magen-Darmtrakt entsteht in der Leber mehr Glykogen, das für die Verbrennungsvorgänge im Muskel verwendet wird. Auf diese Weise kann zum Beispiel ein Hundert-Meter-Läufer auch nach 80 Metern weiter Tempo machen, auch wenn seine übliche Leistung unter normalen Umständen zu diesem Zeitpunkt schon deutlich nachließe. Die Sauerstoffanreicherung in der Leber hilft bei allen Zuständen mit gesteigertem Energiebedarf, so auch bei Stress . . .“ (W.Forth[2]).1997 haben Sporttests an der Denton University in Texas mittels einer randomisierten Doppel-Blind-Studie ergeben, dass die Probanden auf einer 5-km-Distanz eine signifikante Schnelligkeitsverbesserung erzielten. Die Wertigkeit ist beachtlich, wenn man bedenkt, wie im Sport allein schon um Sekundeneinheiten gerungen wird.

---

[1] Schoenberg, Forschung/Sonderdruck BIO 4/00.
[2] Forth W, Ordinarius für Pharmakologie Walther-Straub-Institut, Technische Universität München.

Das Problem liegt nur in der Herstellung von echtem Sauerstoffwasser, da Sauerstoff aus den gängigen Gebinden Glas, Metall oder Kunststoff sehr schnell entweicht. Noch schneller verflüchtigt er sich bei Druckverlust, sobald das Behältnis geöffnet wird. Manche Hersteller behelfen sich mit Hochdruckverfahren unter Einsatz von Kohlendioxyd, das aber wiederum ein Giftgas ist und im Wellnessbereich sicher nicht propagiert werden sollte. Das einzig zurzeit bekannte Verfahren ist ein Prinzip, in dem das Wasser durch den Vorgang einer ganz bestimmten Verwirbelung aktiviert und medizinisch reiner Sauerstoff im Wasser gebunden wird. Bei dem mit Sauerstoff angereicherten Wasser handelt es sich um eine ionenphysikalische Bindung, also um einen physikalisch gelösten Sauerstoff. Das Vorhandensein des Sauerstoffs im Wasser wurde in einigen medizinischen Studien, in der Meridiandiagnostik und durch Messung des Sauerstoffpartialdrucks nach Einnahme des Wassers unter Beweis gestellt.

2.12   Ernährung und orthomolekulare Substitution

Die richtige Ernährung ist sowohl in der Gesundheitsvorsorge als auch im Ausspielen der Leistungsfähigkeit ein tragendes Element. Sie sollte sich an die Herausforderungen eines Menschen anpassen. Gerade bei der Energiegewinnung kommen wir nicht umhin festzustellen, dass Leben auch Chemie ist. Die Stoffwechselvorgänge im Organismus, in seinen Muskeln und Zellen besteht aus chemischen Reaktionen. Die Regeneration von Sportlern beginnt auf chemische Weise bereits vor und während der Belastung. Wir werden auch nicht an der Tatsache vorbeiblicken können, dass außerordentliche Leistungen außerordentliche Zusatzstoffe erfordern. Was in den Pausen von physischen Beanspruchungen dem Körper zugeführt wird, ist für die nachhaltige Leistungsfähigkeit ausschlaggebend.

Unwiderleglich für eine gute Fitness ist die Einhaltung einer ausgewogenen Basisernährung und einer gezielten Zusatzernährung. Eine gute Basisernährung baut auf die Vollwertigkeit mit hoher Nährstoffdichte, etwa mit Kartoffeln, Gemüse, Obst, Milchprodukten und Vollkornprodukten. Fettarme Kost ist zwar am gesündesten, dennoch sind Fettsäuren lebensnotwenig. Fischnahrung enthält hochwertige Eiweiße, die Vitamine A, B und D, Jod und Selen sowie die wertvollen Omega-Fettsäuren. Dass die ungesättigten Fettsäuren die gesünderen sind, gehört heute schon zum Allgemeinwissen. Wie lassen sich nun gegensätzliche Prämissen vereinen?

Eine alt bewährte Richtschnur zur Grundernährung bietet die Formel: 65 % Kohlehydrate, 25 % Eiweiß, 10 % Fett. Doch der richtige Bedarf hängt von vielen

Faktoren ab, wie Lebenssituation, Trainingsbelastung, Geschlecht und Alter. Die richtige Nahrungszufuhr wechselt je nach den Alterszyklen. Bis zum 18. Lebensjahr und plus 50 sollte auf kontrollierte Fleisch- und Fischnahrung nicht verzichtet werden. In der langen Periode dazwischen ist eine vegetarische Ernährung von Vorteil.

Es geht darum, den Organismus in den osmotischen Austauschverhältnissen stabil zu halten und auf das Säuren- und Basenverhältnis ein wenig zu achten. Wissenschaftlich anerkannte Nachweise für die Übersäuerungstheorie scheint es zwar immer noch nicht zu geben. Immerhin verweisen viele Ärzte darauf, dass Verschleißerkrankungen durch Übersäuerung des Körpers mitbedingt sind. Doch diese pathologischen Themen gehören in das Fachgebiet der Medizin und tangieren den Leistungsbereich nur. Die Zusatzernährung hingegen ist ein leistungsbestimmender Faktor und wird von der Sportwissenschaft und der Empirie unter die Lupe genommen. Außergewöhnliche Leistungen verlangen eine Zufuhr an besonderer Nahrung. Es geht um Wachstum, Regeneration und Immunstärkung. Wird ohne Regeneration weiter trainiert, sinkt die Leistung. Verbrauchte Substanzen müssen dem Körper wieder zugeführt werden, damit die körpereigenen Reserven geschont werden. Es zahlt sich aus, fehlende Substanzen dem Körper von vornherein zuzuführen, vor allem wenn Sportler in die Hochleistung gehen. Das richtige Ernährungstiming wird zu einem entscheidenden Faktor im Sport und im Wellbeing. Versuchen Sportler, sich leistungsbezogen zu ernähren, werden sie nicht umhin können, der Nahrung irgendwie Aminosäuren hinzuzufügen. Wenn Ausdauersportler viele Kohlehydrate einnehmen, sollten sie essentielle Mineralstoffe dem Organismus nachliefern.

Der Wissensblock um die Sporternährung ist komplex. Zu den Grundbausteinen aller Zellen gehören die Proteine, jene aus Aminosäuren aufgebauten Makromoleküle. Sie sind verantwortlich für die Zellneubildung und für die Bildung von Enzymen, die die biochemischen Reaktionen im Organismus steuern. Eiweißmangel im Sport bedeutet vor allem Muskelschwäche. Proteine empfehlen sich zum Frühstück, damit sich die Muskeln später im Work-out entfalten können. Ist die Nahrung proteinhaltig, so kommt muskelaufbauendes Eiweiß ins Blut. Da der Körper kein Protein speichern kann, sollten öfter am Tag kleine eiweißreiche Mahlzeiten eingenommen werden. Ansonsten würde der Körper auf die Eiweißdepots in den Muskeln greifen. Selbst im Ausdauersport ist eine Eiweißportion eine Stunde vor dem Training empfehlenswert. Die höchste Eiweißwertigkeit unter den Nahrungsmitteln hat Molke. Während der Belastung selbst ist es allerdings nicht ratsam Eiweiß einzunehmen, da es schwerer verdaut wird und sich in der Folge Wasser im Verdauungssystem konzentriert staut. Zwar verbraucht der Körper während des Trainings große Mengen an Aminosäuren, vor allem Glutamin, doch in den Pausen eines Workouts der Belastung sollten keine Aminosäuren zugeführt werden. Dies würde die Muskelfasern negativ beeinflussen. Mitten in der Belastung sollte auch auf Vitamine verzichtet werden.

Die körpereigene Substanz Kreatin wird aus Aminosäuren gebildet und ist für die chemischen Vorgänge der Energiegewinnung im Sport allgemein, vor allem aber im Sprint- und Schnellkraftbereich, unabdingbar. Ein die sportliche Leistung steigernder Effekt kann durch die bloße Nahrungsaufnahme von Fleisch und Fisch kaum erreicht werden. Bei Sportarten, die durch kurze intervallartige Belastungsspitzen gekennzeichnet sind, zeigte das „Aufladen" mit Kreatin nachweislichen Erfolg in der Leistungsverbesserung. Doch ist der Konsum von Kreatin nicht zur Langzeiteinnahme bestimmt. Bei Magen-Darm-Störung aufgrund von übermäßiger Kreatin-Supplementierung sollte die Einnahme von effektiven Mikroorganismen helfen können. Auf diese Darm-Regulierer wird später noch eingegangen.

Je nach Lebensalter und körperlicher Herausforderung ist eine eiweißreiche Nahrung sinnvoll. Sie gehört allerdings in einem vernünftigen Timing gesteuert. Denn wird gleichzeitig auf Kohlehydrate verzichtet, verzögert das unter Garantie die Regenerationsfähigkeit des Körpers. Übrigens verbessern Kohlenhydrate auch die Einnahme von Kreatin. Jedenfalls ist ein Training – und wenn es auch nur auf Fettverbrennung ausgerichtet ist – mit nüchternem Magen, also mit leeren Energiespeichern, nicht gut.

Für den Wettkampf gilt als Faustregel: drei Tage vor dem Sportevent die Kohlehydratspeicher mit Reis und Teigwaren auffüllen. Kohlehydrate sind in Mengen in getrockneten Früchten komprimiert. Sie liefern sowohl schnelle als auch lang anhaltende Energie. 30 bis 60 min nach Belastungsende sollten Kohlenhydrate dem Körper wieder zugeführt werden, weil sie durch den erhöhten Insulinausstoß vehement in die Muskelzellen gepumpt werden und so eine schnellere Regeneration bewirken. Empfehlenswert sind die langkettigen Kohlenhydrate, die generell nicht die süß schmeckenden sind. Nehmen Sportler in der Wettbewerbszeit viele Kohlehydrate zu sich, sollten sie umso mehr Vitamine dazu nehmen.

Für Schnellkraftsportler ist es ratsam, vor dem Wettkampf auf Salate, Ballaststoffe und auf Traubenzucker zu verzichten. Schon viele sonst gut vorbereitete Athleten haben den Konsum von Salat vor dem Wettbewerb mit einem plötzlichen Leistungsabfall gebüßt. Die Klumpenbildung im Magen dürfte vermutlich dafür verantwortlich sein. Bei Traubenzucker wird ein „Nachfrage-Loch" im Organismus aufgerissen, das im Akt der Hochleistung nicht mehr rechtzeitig nachgefüllt werden kann.

Flüssigkeitsaufnahme ist ein unbedingtes Muss im Sport. Schon vor dem Wettkampf beginnt man bereits mit einer schluckweisen Flüssigkeitsaufnahme. Die

Elektrolyte Natrium, Kalium und Chlorid sind für die Muskelarbeit und den Flüssigkeitshaushalt notwendig. Während des Wettkampfs selbst und auch während eines gewöhnlichen Work-outs sollte kein Magnesium eingenommen werden, wohl aber Calcium. Bei starkem Schwitzen ist Kalium empfehlenswert. Nach dem Wettkampf und nach dem Work-out braucht der Organismus wieder viel Magnesium zur Muskelregeneration. Der Vitamin-B-Komplex ist generell für Sportler wichtig. Weibliche Ausdauersportler sollten besonders auf ihren Eisenhaushalt achten. Und zur Erinnerung: langfristig sollten Sportler auf eine regelmäßige Eiweißaufnahme nicht verzichten.

Nahrungsstoffe, die vor dem Training aufgenommen worden waren, sind oftmals nicht gleich verfügbar. Es ist also auf eine rasche Verfügbarkeit der Substanzen zu achten. Aus ähnlichem Grund werden ja dem Müsli einige Tropfen Öl zugeführt, um die Ballaststoffe nicht sinnlos im Körper rumoren zu lassen. Vor allem die Sporternährung ist auf die Optimierung des intrazellulären Stoffwechsels abgestimmt. Adenosintriphosphat (ATP) ist der bedeutendste Energieträger für den menschlichen Organismus. ATP ist ein Eiweißkörper, der im Muskel unter hohem Energieaufwand eines seiner drei Phosphate abspaltet und in Energie freisetzt. Vor allem bei intensiven laktiziden Kurzzeitbelastungen wird das kurzlebige ATP angezapft. Der Abbau von Glukose dient dem Wiederaufbau von ATP und Kreatinphosphat (CRP). Um die Vorräte an ATP zu erneuern, braucht der Muskel Kreatin. Deswegen wird in Nahrungsergänzungsmitteln für Sportler Kreatin angeboten. Es ist also ersichtlich, dass zur Verbesserung des Muskelstoffwechsels spezielle Vitalstoffe zugeführt werden müssen. Primär gilt es individuell zu eruieren, was dem Körper zur Leistung fehlt und welche Vitalsubstanzen leistungsstark machen.

2.13 Natürliche Vitalsubstanzen für die Hochleistung

Freizeit- aber auch Hochleistungssportler leiden nicht selten unter dem Mangel an Vitalstoffen oder führen dem Körper unnötigerweise die falschen Vitalsubstanzen zu. Orthomolekulare Substitution ist für die Hochleistung nun einmal unabdingbar. Nur ist es wichtig zu wissen, wie und welche Vitalstoffe wann zugeführt werden sollten. Für den Leistungssportler ist die Mobilisation der Energiedepots das A und O zur Leistungserbringung. Sie sind für die höhere Belastungsfähigkeit des Organismus verantwortlich. Ermüdet er zu schnell, vermindert sich der Stoffwechsel, die Herzfrequenz steigt an, die Leistung sackt ab. Die Erholung und die Wiederherstellung vor dem Abbau kann also nicht dem Zufall überlassen werden. Für die Wiederherstellung des Organismus ist zumindest der gleiche intensive methodologische Aufwand notwendig, wie er für das Work-out selbstverständlich ist.

Die Vitalkapazität, die aus den verschiedensten Aspekten für den Sportler wichtig ist, wird durch Sauerstoffzufuhr gesteigert. Es gibt zwei Möglichkeiten, dies zu erreichen: perorale Sauerstoffzufuhr oder ein steuerbares Höhentraining an Geräten. Beide Lösungsansätze steigern die Laktat-Toleranz, optimieren die Blutwerte, vermehren die Mitochondrien der Muskulatur und verbessern den Zellatmungsprozess. Sauerstoffangereichertes Wasser wirkt zudem regulativ auf Sympathikus und Parasympathikus.

Der Griff zu hochdosierten Designer-Produkten aus den Labors der Pharma-Industrie kann zu einem Trugschluss werden. Wichtig ist, dass ein Produkt mit natürlichen und sinnvoll ergänzenden Kombinationen lebenswichtiger Substanzen zur Verfügung steht. Ein Qualitätsmerkmal von Nahrungsergänzungsmitteln ist ihre biologische Herkunft und die naturbezogene Herstellung.

Biologisches Colostrum ist eine derartige, wichtige Zusatznahrung, die dem Leistungssportler in vielen Belangen großen Nutzen bringt. Dieses Sekret wird aus der Erstmilch der Kuh extrahiert und enthält biologisch aktive Immunglobuline (Antikörper), Aufbau- und Nährstoffe, Vitamine, Mineralien und Aminosäuren wie sie sonst nirgends so perfekt in der Natur angeboten werden. Für den Fitnessfan ist wichtig, dass die Wirkstoffe des Colostrums gleichzeitig dem Fettabbau und dem Muskelaufbau dienen. Das darin enthaltene Lactoferrin enthält Antikörper gegen viele bakterielle und pilzartige Erreger. Es wirkt bakteriostatisch, das heißt keimhemmend. Zudem weist es nährstoffbindende Eigenschaften auf und bindet vor allem Eisen. Die eisenbindenden Proteine sind ideal für den Muskelaufbau. Für den Leistungssport liegt die Bedeutung darin, dass der Proteinabbau verlangsamt und der Glukosetransport stimuliert wird. Dies bedeutet eine schnellere Erholung nach den Trainingseinheiten.

Die antioxydative Wirkung des Colostrums wirkt sich auf das Immunsystem positiv aus. Die Immunfaktoren garantieren eine gute Abwehr gegen Infektionskrankheiten und hemmen gleichzeitig eine überschießende Immunreaktion. Gerade für Sportler, die durch körperliche Anstrengung im oxydativen Stress stehen, sind Antioxydantien immens wichtig. Naturmittel wie das Colostrum sind imstande, das Zellwachstum und die Zellregeneration positiv zu beeinflussen und die Muskulatur mit natürlichen Wachstumsfaktoren zu versorgen. Die Kombination aus Colostrum und sauerstoffangereichertem Wasser ist für die Hochleistung sowohl im Schnellkraft- als auch im Ausdauerbereich empfehlenswert.

Ein weiteres Elixier aus der Natur sind die sogenannten „Elementaren Mikroorganismen". Ein Konzentrat aus Milchsäurebakterien, Hefen und photosynthetischen Bakterien schafft in der Darmflora ein Milieu, das antioxydativ wirkt. Das Konzept der effektiven Mikroorganismen wurde ursprünglich für die Landwirtschaft entwickelt, bevor man auf die Verwendung als Gesundheitselixier stieß[3].

Die Photosynthesebakterien liefern dem Organismus wichtige Aminosäuren, Nukleinsäuren, verschiedene Zucker und bioaktive Substanzen, vor allem Antioxidantien. Diese Vitalstoffe bewähren sich bei Funktionsstörungen wie Vitalitätsmangel, Müdigkeit, Konzentrationsschwäche oder Nervosität, die ihre Ursache in Überanstrengung oder im geistigen und emotionalen Stress haben.

Viele dieser Funktionsstörungen haben nach der modernen Heilkunde ihre Ursache in einer beschädigten Darmflora. Und gerade dort kämpfen die sogenannten positiven Mikroorganismen gegen die schädlichen an. Stimmt das Darmmilieu, dann ist die Verdauung gut und verbessert die Bioverfügbarkeit der Mineralstoffe, Spurenelemente, Enzyme und Vitamine, die mit der Nahrung aufgenommen und die auch in der Darmflora selbst gebildet werden. Eine ausgewogene Darmflora ist für das Immunsystem und den Stoffwechsel des menschlichen Körpers wichtig. Die „Elementaren Mikroorganismen" liefern Alpha-Toccopherol, Flavonoide, Gamma-Oryzanol, Ubichinone und Lykopin, die als Antioxidantien laut Berichten aus Japan hundertmal wirksamer als bloßes Vitamin E sind.

Elementare Mikroorganismen können helfen, das Darmmilieu bei Missbrauch von Alkohol und Drogen, bei starkem Medikamentenkonsum oder bei schlechter Ernährung zu regenerieren. Anstatt der Feuerwehrfunktion im Nachhinein ist die Einnahme zur Stärkung des Organismus im Voraus sinnvoller. Auch das Serotonin, das als Glückshormon bekannt ist, wird erst bei einer intakten Darmflora bei der Nahrungsaufnahme verwertet und im Körper gespeichert. Es hängt somit auch unser Glücksgefühl von einer gesunden Darmflora ab.

Den Schokolade-Naschkatzen sei zum Trost gesagt, dass Schokolade nicht nur aufgrund von Tryptophan und der Serotoninbildung die positive Wirkung auf die menschliche Psyche ausübt. Sie enthält auch den für die Elastizität des Bindegewebes wichtigen Mineralstoff Kupfer. Vor allem dunkle Schokolade ist reich an Flavonoiden, einer für gesundheitsfördernde Wirkung bekannten Gruppe von Pflanzenwirkstoffen. Laut einer in den USA durchgeführten Studie sorgen Flavanole für eine erhöhte Konzentration von Stickstoffmonoxid, das die Gefäßwände entspannt und die Blutversorgung des Gewebes verbessert. Davon profitieren auch Sportler, wie eine Studie der Deutschen Sporthochschule 2012 ergab.

Abfallstoffe und Schlacken sammeln sich durch die verschiedensten Umwelteinflüsse in unserem Körper an, zerstören auf Dauer die Blutzirkulation, beeinträchtigen die empfindlichen Nerven und sind die Ursache für die verschiedensten Krankheiten. Der Reinigungseffekt der elementaren Mikroorgansimen und

---

[3] Higa T, staatliche Universität Kyushu, Japan.

bestimmter Naturkräuter ist für unser organisches Getriebe vorteilhaft. Die mikro-
biologischen Nährstoffe entsorgen die im Organismus angesammelten Schadstoffe.

2.14   Sport und Psyche

Wenn der Körper nach einer Auszeit verlangt, sollte diese auch bestmöglich zum
physischen und psychischen Aufbau genützt werden. Daraus wird die Bedeutung von seriösen Wellbeing-Programmen schlüssig. Es wäre gut, sich pro Tag
eine eigene Out-Zeit einzurichten. Dazu sollte man das eigene Stressprofil kennen, um dem negativen Stress beizukommen und den positiven Stress, der zur
Selbstverwirklichung nötig ist, auf einen optimalen Output hinzusteuern.

Alle Trainingsformen finden ihren optimalen Abschluss in einem geglückten
Wettkampf, wenn auch die innere Form gefunden worden ist. Das bedingt ei-
ne sinnvolle Kooperation von physischer Leistungsfähigkeit, Zufriedenheit und
Wohlbefinden. Atmungs-, Konzentrations- und Relaxationstechniken beruhen auf
diesem Prinzip. Mit einer gesunden Psyche gehen Sportler viel effizienter ins Kraft-,
Schnelligkeits- oder Ausdauertraining.

Gewonnen wird im Kopf, gestolpert auch. Der Mensch besitzt eine verborgene
Fähigkeit, dies zu verwerten. Also sollte er die dazu bestimmten Trainingsformen auch nutzen. Doch auch mentale Techniken wollen erst gelernt sein. Dazu
zählen das richtige vertiefte Atmen, das richtige Umgehen mit psychischen Herausforderungen und das optimale Regenerieren. Diese Fähigkeiten bringen einen
hochwirksamen Effekt und dies nicht nur im Sport. Psychische Belastungen bilden
sich aus dem Spektrum von Anforderungen und Aufgaben. Sie sind das Resultat entweder von Über- oder Unterforderung. Erstere führt zur Übermüdung, die
zweite zur Monotonie. Beide Zustände sind Leistungskiller und sollten vermieden
werden. Daher gehört die Trainingsbeschaffenheit regelmäßig reguliert. Sowohl Be-
lastungsgrößen als auch Trainingsbedingungen sollten öfters gewechselt werden.
Dabei sind Erholung und Wiederherstellung entsprechend zu beobachten. Der
Wille zur jeweiligen Konsequenz muss sowohl beim Coach als auch beim Sportler
unerschütterlich vorhanden sein.

Um sich innerhalb des Sportes zu orientieren und zur Leistung fähig zu sein,
ist Selbsterfahrung als auch ein gut gestyltes Wettkampfdenken notwendig. Der
Wettkampf spielt sich im Spannungsfeld zwischen persönlicher Kooperation und
Konkurrenz ab. Es bereitet Freude, sich zu messen. Das Miteinander trotz des
wettkampfmäßigen Gegeneinanders verschafft positive Gefühle zu den anderen
und zu sich selbst. Dann ist der Spaß am Sport für spätere Zeiten gesichert. Für alle
Beteiligten muss der Reiz an der Betätigung vorhanden sein.

Psychische Funktionen sind trainierbar. Sie hängen vom Prozess der Reifung ab. Das Erworbene kann relativ konstant den hartnäckigen Widerständen entgegengesetzt werden. Es spielt mit der eigenen Energiekapazität und mit der Ertüchtigung der Sinne zusammen. Es hilft sich zu motivieren und verbessert die persönlichen Verhaltenseigenschaften. Wetteifer und Leistungsdrang werden positiv gepolt. Sportler aller Kategorien brauchen die emotionale Stabilität genauso wie die aggressive Durchsetzungsfähigkeit, die Aktivität genauso wie die Selbstbeherrschung. Die Erlebnisse des Wettkampfes spielen sich in den Korridoren der Charaktere der einzelnen Sportler ab. Interessen und Willensanforderungen hängen von ihnen ab.

2.15   Mentale Wettkampfvorbereitung

Wettkampfsportler wünschen sich immer wieder, sich in den wichtigen Phasen der Performance mental für die Abrufung der Leistung befreien und öffnen zu können. Ein qualitatives Mentaltraining besteht aus der Kombination von kommunikationstechnischen und kreativtechnischen Methoden.

Die individuellen motorischen Fähigkeiten und Fertigkeiten werden in einem strukturierten Stresstraining gepflegt. Sowohl von der Hektik im Alltag als auch im Training sollten sich Athleten lösen können. Ein idealer Trainingsaufbau fügt in das Aufwärmprogramm ergänzende Fremdinhalte aus anderen Sportarten ein. Beispielsweise ergeben sich Energie-Incentives für den Sporttreibenden aus der körperlichen Kunst des Zen. Sie werden durch ein ideometrisches Training mit konzentrierter Atemtechnik ergänzt. Dies sind brauchbare Komponenten zur Distraktion und Relaxation.

Daran knüpfen sich Maßnahmen der Suggestopädie. Dabei wird in einer Art der Konzentration und Selbsttranszendenz ein konstruktives Denken suggeriert, um ans gewünschte Ziel zu gelangen. Über kinesiologische Tests an elektronischen Trainings-Tools lässt sich der mentale Zustand messen. Dieser verbessert sich, wenn die positiven Trainingserfahrungen konditioniert werden. Inhalte der Konditionierung sind Leistungsüberzeugung, mentale Robustheit, Entschlossenheit, Bewältigung von Frustration und Ablenkbarkeit.

Eine innovative Methode der mentalen Konditionierung stellt die Mentalfonie dar. Durch Abhören der eigenen vertonten Gehirnströme wird Motivation und Konzentration der Psyche eingeprägt. In der Startvorbereitung zum Wettkampf sind dann die bekannten Elemente des Selbstvertrauens und des Durchsetzungsvermögens abrufbar. Mentalcoaching hilft darüber hinaus bei Überforderung oder bei einem eventuellen Burnout in der Hochleistung. Die Belastungskapazität ist sowohl im Lebensprozess als auch im Sport ein zentrales Thema. Belastungen sind einerseits lebensnotwendig, andererseits bergen sie beträchtliche Gefahren in sich. Deswegen ist der planende Umgang mit der richtigen Belastung so wichtig.

2.16 Mentale Energie

Gute Trainer kennen die Alarmreaktionen bei ihren Sportlern und beherrschen das Zwischenspiel nach extremen Anforderungen für ihre Schützlinge. Sie finden gültige Antworten auf die Leistungsdiagnose. Nachdem sie die Belastungssymptome und ihre Auswirkungen diagnostiziert haben, bieten sie die nötigen Maßnahmen an, welche die Motivation und die mentale Fitness der Sportler stärken. Trainer können dies entweder selbst oder mit Hilfe von Spezialisten für jedes Teilgebiet tun. Im zweiten Fall sollten die Informationen untereinander ständig ausgetauscht werden, um das Feedback für eine bestmögliche Trainingsplanung zu nützen.

Ein qualitatives Mentaltraining vereint reflektierende Übungsformen mit technischen und empirischen Methoden. Es beginnt mit der subjektiven Kommunikation. In dieser Form der Relaxation wird aus der Hektik des Trainings oder des Alltags hinausgeführt. Man lässt quasi die Seele nachkommen. Die mentale Wettkampfvorbereitung spielt sich dann mittels einer inneren Dialektik ab, um den richtigen Blick in der schwierigen Situation zu finden. Die gewünschte Konzentration erfolgt abschließend über einen inneren Dialog mit sich selbst. Was wird damit erreicht? Hemmschwellen werden überwunden, psychische Stärken in den Vordergrund gestellt, Angstgegner aus dem Bild genommen, das Durchsetzungsvermögen maximiert. Im Wettkampf selbst können dann die Athleten ihrer Intuition freien Lauf lassen.

Ein variabler mentaler Aufbau beginnt bei der Selbstbetrachtung, bevor sie ins ideomotorische Training, dem geistigen Abspielen des Leistungsfilms führt. Solch eine mentale Vorbereitung unterstützt die Umsetzung der sportspezifischen motorischen Aktionen. Der mentale Trainingserfolg lässt sich in der reaktiven und mentalen Belastbarkeit durchaus messen. So kann das Durchsetzungsvermögen in einem kinesiologisch gesteuerten Match an einem speziellen Schlag-Trainings-Tool geprüft werden. Die mentale Robustheit oder Ablenkbarkeit, die Entschlossenheit oder Frustration lassen sich gleichfalls eruieren. Sind die Stärken und Schwächen einmal herausgefiltert, können sie auch beeinflusst werden. Die Korrelationen zum physischen Trainingserfolg geben Athleten wie auch Trainern wertvolle Einsichten.

Bisweilen werden von Motivationsgurus bombastische Shows inszeniert, deren Effizienz nicht ganz nachvollziehbar ist. Bekannt sind die kostspieligen, aber wenig

seriösen Angebote von Indoor- oder Outdoor-Management-Trainings. Im Mental-
und Motivationsbereich sind nüchtern angelegte Individuallösungen, die von einem modernen Equipment unterstützt sind, das sicherste Mittel, um den nötigen
Erfolg zu erzielen.

Wenn die Psyche in keiner Form trainiert wird, verfällt sie genauso wie ein
untrainierter Körper in Atrophie. Somit besteht der optimale Mix zum Selbst-
management aus Mentaltraining, einem effizienten Üben der Sportmotorik, einer
richtigen Ernährung und dem optimalen Timing der Aktivitäten zwischen Spannung und Entspannung. Die kinesiologische Messung unter Stressbedingungen ist
digitalisiert abrufbar. Sie zeigt die mentale sowie die reaktive Stärke der Probanden
auf.

Je höher die Ansprüche gestellt werden, umso höher entwickelt sich das Persön-
lichkeitsniveau. Nur muss das eigene System richtig eingeschätzt und eingestellt
sein. Gerade in der sportlichen Aktivität entwickelt sich eine Art magisches Denken. Es lehnt sich an das jeweilige Temperament an, an die persönliche Einstellung
und an die Physis. Ob Sportler aufmerksam und aggressiv oder desinteressiert
und gezwungen agieren, hängt vom erarbeiteten psychischen Korsett ab. Der Grad
der psychischen Verfassung hat Einfluss auf das geistige Ermüdungspotenzial und
somit auf den Erfolg. Er bestimmt die Einsatzfreude, die Beherrschung und die Ge-
duld. Umgekehrt vermittelt der eigene Körper die inneren Vorgänge. Er zeigt sich
selbst auf, wie belastbar und störanfällig er ist. Dies ist sowohl für die momentane
Leistung als auch für die langfristige Gesundheitsvorsorge bedeutsam. Die Signale
sind nicht zu missachten.

Wie man siegt oder Niederlagen hinnimmt, wirkt sich auf den gegenwärtigen
Zustand ebenso wie auf die gesamte Struktur der Persönlichkeit aus. Dies alles
verdeutlicht die Verbindung zwischen physischem und mentalem Training. Die
gekonnte Kommunikation mit Trainern, Coaches oder Freunden stärkt durch die
soziale Erfahrung das psychische Prinzip.

2.17   Zusatznutzen für die Athleten

Gewiefte Sporttüftler werden sich an den verschiedenen Optionen zur Optimierung
eines Status quo nicht vorbeischleichen. Das ständige Hinterfragen noch besse-
rer Lösungsmöglichkeiten zeichnet oftmals die Idole des Leistungssports aus. Im
Mittelpunkt der Systemoptimierung steht die Frage: „Wie werde ich besser?"

Der Systemdurchlauf zur Optimierung beginnt bei der Diagnostik und führt
zur positiven Beeinflussung der Leistung. Im 21. Jahrhundert wird es Erfolge ohne
den Einsatz neuer Technologien und Innovationen nicht geben. Ein Training ohne

Einsatz von Hightech ist nicht fortschrittlich. Zu Beginn des Prozesses der Verbesserung werden die Möglichkeiten des Leistungsvollzugs definiert. Daraus leiten sich Maßnahmen aus der Biokybernetik in einer Feedbackschleife ab. Der heftigste Wind bläst dem sportlichen Erfolg dort entgegen, wo ein Maximaltraining ins Auge gefasst wird. Zu leicht schlittert man ins Übertrainieren. Bei den ersten Anzeichen eines Übertrainings sollte sofort eine Korrektur erfolgen, indem prophylaktisch gegengesteuert und der Bewegungsapparat rechtzeitig therapiert wird.

Die wesentlichsten Trainingsstrategien im Leistungssport sind auf die Saisonhöhepunkte eines Jahres ausgerichtet. Dazu wird die sporttechnische Ausreifung der Sportler in Relation zu ihrer jeweiligen körperlichen Befindlichkeit gebracht. Gerade dazu sind die modernen Technologien so wichtig. Viele sind vielleicht manchen Betreuern noch nicht ausreichend bekannt. Athleten verlassen sich aber auf das komplette Wissen ihrer Trainer und auch auf deren glückliches Händchen in der Auswahl der richtigen Entscheidung. Es ist immer die Gesamtheit der vielen einzelnen Maßnahmen ins Kalkül zu ziehen.

Erste Frage: Was braucht der Athlet an Zusatzstoffen für die Erbringung von Höchstleistung? Um einer Überbelastung in der Vorwettkampfphase mit Hilfe von Energiezufuhr zu begegnen, ist zu prüfen, welche Vitalsubstanzen dem Körper fehlen und welche eventuell unnötigerweise zugeführt worden sind. Immunsicherheit ist eine biologische Voraussetzung für die Athleten, damit sie am Eventhöhepunkt am fittesten sind. Somit haben die Betroffenen sich ernsthaft mit dem Problem der Regeneration auseinanderzusetzen. Die Betreuer sollten ihnen dabei professionell zur Seite stehen. So banal dies alles klingt, so hartnäckig taucht selbst im Spitzensport Widersprüchliches auf. Ein Beispiel eines großen Ski-Teams: Im Laufe der Worldcup-Saison fiel der führende Athlet plötzlich wegen unerklärlicher Gesundheitsprobleme für zwei Monate aus. Einer seiner Konkurrenten konnte den Punkterückstand aufholen und schnappte sich den Sieg im Gesamt-Worldcup. Da dürfte etwas im Statusaufbau schiefgelaufen sein. Oder betrachten wir Top-Nationalmannschaften des Fußballs, wenn im Laufe eines größeren Turniers die Spieler über die oft so „langen Wege" lamentieren. Athleten im Radsport singen das Lied der „schweren Beine" von den vielen Attacken auf all den Etappen. Selbst Tennisstars verstehen oft nicht, warum sie plötzlich mit „bleiernen Schlagarmen" zu kämpfen haben. Aus dieser Sicht werden Lösungen gesucht und plötzlich taucht das Gespenst des Dopings auf und wird zu einer leider erklärbaren Gefahr. Gerade deswegen werden biologische orthomolekulare Substanzen immer mehr an Bedeutung gewinnen.

Solange es sportliche Wettkämpfe gibt, wird es auf dem Weg der Umwegrentabilität auch immer ein taktisches Doping geben. Es lässt sich nicht verbieten. Die Methode und das Maß machen den Unterschied zum Unerlaubten aus. Schon in der Antike dopten sich Athleten mit Wein, Stierhoden oder Fliegenpilzen. Auch das Austüfteln von Materialvorteilen wird einen Vorsprung für den Wettkampf schaffen. Es ist auch nicht immer der bessere Reiter, sondern das bessere Pferd, das den Sieg erbringt. Und ist es womöglich allzu nervös, wird interessanterweise ein Schluck Bier es beruhigen. Der bessere Trainer, die bessere Vorbereitungs-methode und die bessere Taktik sind schon als Anreiz eine Art Doping. Aber es geht nicht, mit einem E-Bike an Mountainbikerennen teilzunehmen! Es gibt ein Doping fürs Gehirn, für die Karriere, für das sportliche Turnier, ja sogar für den besseren Schlaf, nur der Einsatz der Mittel muss gerechtfertigt sein. Dort, wo das Risiko größer ist als der Nutzen, wird die Welt-Antidoping-Behörde zu Recht mit allen ihr zur Verfügung stehenden Mitteln einschreiten müssen. Unverantwortlich sind Auswüchse wie das Gendoping, wenn den Sportlern Stammzellen intrave-nös verabreicht werden. Genmanipulation, Steroide oder Anabolika helfen nicht in der Leistung, sondern schädigen hochgradig den Organismus und mit ihm die Persönlichkeit eines Individuums.

Der menschliche Körper hat keine unendlichen Leistungsreserven. Geht er an die Grenzwerte einer Hochleistung heran, tut er seiner Gesundheit nicht immer etwas Gutes. Er muss vorbeugen. Außerordentliche Leistungen erfordern nun ein-mal eine qualifizierte Energiezufuhr. Wenn schon die minimalsten Quantitäten im Doping ob ihrer gewaltigen negativen Effekte angeprangert werden, lässt sich im Umkehrschluss die Bedeutung natürlicher biologischer Substanzen nicht einfach von der Hand weisen. Sie können helfen, dass Höchstleistung über eine längere Zeitspanne aufrechterhalten werden kann. Das funktioniert nur, wenn auch das Immunsystem bis zum Ende intakt bleibt. Hochwertige Aufbau- und Nährstoffe können sehr gut in der Hochleistung genutzt werden. Im Prozess der Anstrengung und des Wettkampfstresses bilden sich Freie Radikale und blockieren die Lei-stung. Es ist nachgewiesen, dass biologische Vitalstoffe den Glukosetransport in den Muskeln stimulieren, was eine schnellere Erholung nach den Trainingseinheiten bewirkt. Ideal ist die Versorgung der Muskulatur mit natürlichen Wachstums-faktoren. Die Zielsetzungen des in der Vergangenheit ungeschickt gehandhabten und verbotenen Blutaustausches sind mit peroraler Sauerstoffzufuhr einfach und auf natürliche und ehrliche Weise genauso gut zu erzielen. Funktionsstörungen im Leistungsverlauf können auch in einer angegriffenen Darmflora ihre Ursache haben. Wohlbefinden und Leistungsbereitschaft werden von den Darmverhältnis-sen beeinflusst. Wenn sich Sportler einseitig ernähren, Sportnahrung tendenziell nicht vertragen oder gar Antibiotika einnehmen müssen, kann die Einnahme von elementaren Mikroorganismen das Darmmilieu wieder stabilisieren und die Bio-verfügbarkeit der Vitalstoffe fördern. Eine gesunde Darmflora ist nun einmal die Voraussetzung für einen gesunden Energiestatus.

Die zweite Frage zur Leistungsförderung betrifft die Sauerstoffoptimierung. Sauerstoff verbessert die aerobe Leistung, verzögert die Übersäuerung in der Muskulatur und vermehrt die Kraftkammern der Muskulatur, die Mitochondrien. Die Zunahme der sogenannten Vitalkapazität hängt auch mit dem regulierenden Einfluss auf Sympathikus und Parasympathikus zusammen. Sauerstofftherapien fördern die Immunzellen und haben dadurch zusätzlich eine antibakterielle und bisweilen antivirale Wirkung. Mit ihrer Hilfe wird das Gewebe durch den besseren Zellatmungsprozess regeneriert. Diese Effekte sind für den Sportler vor allem dann wertvoll, wenn er am Ende einer langen Turniersaison zur Aussage gelangt, „er könne nicht mehr alles an Leistung geben".

Wie wird nun Sauerstoff effizient dem Organismus zugeführt? Es gibt eine Verfahrens-Innovation zur ionenphysikalischen Bindung von Sauerstoff in Gebinden (Flaschen, Dosen etc). Nun sollte die perorale Sauerstoffaufnahme auch im Sport genützt werden. Eine Ergänzung zur peroralen Sauerstoffzufuhr bietet das gesteuerte Höhentraining. Denn reales Höhentraining ist nicht für jeden Sportler gleich verträglich und beschert nicht immer den gewünschten Erfolg. Da kommt es schon sehr auf die individuelle Handhabung an. Empirische Untersuchungen bestätigen dieses Phänomen. Es wurden bei Höhentrainings bis zu 45 %ige Misserfolgsraten gemessen. Dies lässt sich dadurch erklären, dass vor Ort fernab des heimatlichen Trainings keine valide Test-Response erwartet werden kann. Eine ideale Kontrolle bietet sich über Steuerung eines simulierten Höhentrainings (intermittierendes Höhentraining) zu Hause an. Dabei wird über eine Maske ein Luftgemisch geatmet, in dem die Sauerstoffkonzentration entsprechend der gewählten Meereshöhe verändert wird. Der Sauerstoffgehalt und die Sauerstoffsättigung im arteriellen Blut werden über PC laufend überwacht.

Nach der Optimierung von Immunsystem- und Sauerstoffkapazität schließt sich die dritte Frage nach dem Schutz des hochgetrimmten Bewegungsapparates an. Die Technik der biomechanischen Muskelstimulation kann nicht nur den Körper muskulär auf die Höchstbelastung vorbereiten. Mit ihrer Hilfe können auch unerwartete muskuläre Dysfunktionen therapiert und sowohl eine muskuläre als auch eine meditative Relaxation gewährleistet werden.

Aus der Osteopathie weiß man, dass die Unterbrechung der Beweglichkeit an einer Stelle des Bewegungsapparates das ganze funktionale System beeinträchtigt. Eine Dysfunktion im Hüftbereich hat zum Beispiel über die Läsionsketten eine Folgewirkung in den Füßen. Die Effekte des passiven Trainings mit biomechanischen Stimulationsgeräten sind transparent und sofort erfahrbar, vor allem wenn Schmerzen und Verspannungen verblüffend rasch gelindert werden.

Vierte Frage: Wie erreicht der Athlet eine optimierte Aktionsschnelligkeit und wie wird er im Bewegungsablauf dynamischer? Die Aktionsschnelligkeit lässt sich

Tab. 2.4 Regenerationsmethoden

Regeneration	Zeit	Methode
Blutdruck zum Normalwert	Bis 20 Min.	Sauerstoff peroral Höhentraining
Laktatsenkung unter 3mmol	Bis 30 Min.	Sauerstoff peroral Höhentraining
Wiederherstellung der Funktion der Muskulatur	2 h	BMS
Normalisierung Hämokritwert	24 h	Sauerstoff peroral
Aufbau der funktionsgestörten Mitochondrien	7–14 Tage	BMS

sensorgesteuert über Bewegungs- und Schlag-Tools kontrollieren. Nicht nur im Kampfsport, auch bei Ballsportarten oder im Skilauf ist eine solche Trockenübung als Bewegungskontrolle empfehlenswert. Der Zusatznutzen liegt in der Stärkung der Beinarbeit, die ja in vielen Sportarten wichtig ist. Das Controlling erfolgt online über eine elektronische Dokumentation des Trainingsfortschritts. Ein elektronisches Schlagpolstertraining überprüft digital die Qualität der Bewegungsabläufe. Es bewährte sich nicht nur in der Optimierung der Motorik, sondern auch in der Mentalkontrolle.

Daran schließt sich die abrundende Frage nach den Methoden der mentalen Vorbereitung auf wettbewerbskritische Situationen. Die mentale Einstellung wird im Spitzensport zum wichtigsten Unterscheidungsmerkmal der Trainingsleistung. Zwar sind Spitzensportler per se an die Bewältigung schwieriger und stressiger Situationen gewöhnt. Trotzdem sind auch sie starken Schwankungen ihrer Sensibilität ausgesetzt. Manchmal muss sogar die Übermotivierung von Spitzenathleten in die richtigen Bahnen gelenkt werden. Nicht selten tauchen unbewusst Verunsicherungen vor Ereignissen oder vor Angstgegnern oder vor Frustrationen auf. Eine ideale Form der mentalen Stärkung kann durch das Abhören der eigenen Gehirnwellen erfolgen. Wie in der Mentalfonie beschrieben, werden die im optimierten Zustand aufgenommenen Gehirnströme über eine spezielle Software in Töne transformiert, die der Sportler in der unmittelbaren Wettkampfvorbereitung zur mentalen Einstimmung abhören kann.

Der Grad der Durchsetzungsfähigkeit und der Stressstabilität lässt sich kinesiologisch an elektronischen Trainings-Tools messen. Diese Geräte haben neben der Messfunktion den Vorteil, dass sie auch als Energie-Incentives einsetzbar sind. Auf diese Weise werden die positiven Trainingserfahrungen programmiert und für den Wettkampf konditioniert.

Die hier angebotenen Problemlösungen, die einem ganzheitlichen Ansatz entsprechen, begleiten Sportler und Trainer auf dem Weg in die Kreativität einer professionellen Trainingsplanung. Die Equipments sollen ja dem Athleten die Trainingsarbeit nicht abnehmen, sondern erleichtern. Ihre Technologien sind eine Hilfestellung zur Optimierung der Leistungen und zur Minimierung des Gesundheitsrisikos. Wer siegen will, muss immer neue Wege gehen und der Zeit voraus sein.

Literatur

Pakdaman A (1992) Perorale Sauerstoff (O2)-Therapie (POT), Naturheilkunde. S 29-33 (11/1992)

Pakdaman A (1998) Symptomatic treatment of brain tumor patients with sodium selenite Biological trace element research, bd. 62

Pakdaman A (1992) Trink- und Heilwasser mit Sauerstoff-Effekt, Der Freie Arzt. S 54-65 (11/1992)

Pakdaman A Vergleichsanalytische Untersuchungen und Bestätigung der ionenphysikalischen Bindung bei oxygeneriertem Wasser – Dokumentationsarbeit durchgeführt im Redern-Institut, Lindenberg/ Pfalz (12/1989)

Sport für Manager

3

3.1 Was Manager vom Sport lernen können

Im Sinne der persönlichen Nachhaltigkeit tun Manager etwas für ihre Gesundheit und für ihr persönliches Wohlergehen. Als Kontrapunkt zur Berufswelt sind die Möglichkeiten einer sinnvollen Unterstützung des Bewegungsmanagements vielfältiger und effizienter geworden. Im persönlichen Skill-Management stehen verschiedene Optionen bereit, die physischen Fähigkeiten effizient zu verbessern. Sie dienen nicht nur der persönlichen Eitelkeit, sondern auch dem gesundheitlichen Selbstschutz. Manager können vom Sport und dessen Vorgaben lernen. Wer möchte schon darauf verzichten, die individuelle Fitness und Leistungsfähigkeit in Gang zu halten?

Der Leitgedanke von Fitness ist vordergründig nicht auf Lebens-, sondern auf Überlebensstrategien unserer Existenz ausgerichtet. Wir treffen auf die Faktoren Bewegung, Ernährung und Lebensstil. Die freizeitsportliche Aktivität dient der Gesunderhaltung des Körpers. Gleichzeitig stärkt sie, wie die Wissenschaft inzwischen zur Genüge belegt hat, das geistige Vermögen. Zudem werden die mentalen Methoden unverzichtbar, sobald Menschen die von Unzulänglichkeit und Verzweiflung begründeten Sorgen in Vertrauen umsetzen möchten. Zur Lernbereitschaft gehört die Lernfähigkeit. Manager können sie sich erarbeiten, indem sie ähnlich wie im Beruf Ist- und Sollwerte festsetzen und diese regelmäßig kontrollieren. Sie werden sich Programme erstellen, wie sie ihr Kraftpotential möglichst ökonomisch aufbauen. Sie wollen die Ermüdungserscheinungen in den Griff bekommen, wenn sie sich an schnelle Aktionen heranwagen. Das sind alles Dinge, die sie analog in ihrem Beruf auch beherrschen. Ihr Training wird dann Früchte tragen, wenn sie die Vorgaben zur Erreichung ihrer physischen Leistungsziele vernünftig programmiert haben. Sie werden leistungsfähiger, wenn sie sich nicht mehr rudimentär anstrengen müssen, sondern eine gewisse Wirtschaftlichkeit und Leichtigkeit in die Bewegungsmuster einbringen. Ökonomie der Bewegung im physiologischen Sinn bedeutet, die Energie der Bewegung in ein vernünftiges Verhältnis zu ihrer Wirkung zu bringen. Die individuell höchste Leistungsstufe haben Manager dann erreicht, wenn sie die Bewegungsmuster so vollziehen, dass sie Lust und Freude bereiten. Die sportwissenschaftlichen Begriffe für diese drei zu erlernenden Abschnitte lauten Grobkoordination, Feinkoordination und Feinstkoordination.

3.2 Sportmotorik für alle

Wie genießen und beeinflussen wir unsere Bewegungsmöglichkeiten? Wie steuern Sportler, aber auch Manager, ihre physischen Fähigkeiten? Die motorischen Grundeigenschaften von Managern werden von denselben Fähigkeiten bestimmt wie die von Sportlern. Nur die Ausprägungen sind unterschiedlich. Auch Manager wollen an ihre Leistungsgrenzen herankommen. Darin besteht die psychologische Herausforderung an den Leistungsmenschen, egal ob in Beruf, Sport oder Freizeit.

Die motorischen Fähigkeiten sind als Kraft, Schnelligkeit und Ausdauer definiert. Mit diesen drei Faktoren lässt sich übrigens sehr leicht argumentieren, ob eine Betätigung den Namen „Sportart" überhaupt verdient oder nicht. Da zunächst einmal das Zusammenspiel der Muskeln gut funktionieren sollte, sind Begleitmaßnahmen wichtig: Ernährung, Vorbereitung, Entspannung. Sodann kommt es auf die technisch korrekt ausgeführten Bewegungsabläufe an.

Die Sportwissenschaft zählt die Bewegungskoordination zu einem sehr wichtigen Prinzip der Sportmotorik. Wenn vom Zusammenspiel der Muskeln gesprochen wird, läuft es immer auf die Begriffe der intermuskulären und intramuskulären Koordination hinaus. Die intramuskuläre Koordination besteht vorwiegend aus dem Wechselspiel von Nervensystem und der Muskulatur einer muskulären Einheit. Sie wird durch genau abgestimmte Trainingsformen gepflegt. Die intermuskuläre Koordination wiederum bestimmt das Zusammenwirken mehrerer Muskelpartien bei einem Bewegungsablauf. Zum funktionierenden Aufbau dieses Wechselspiels gehört ein gut abgestimmter Trainingsplan. Um ihn ökonomischer zu gestalten, bringen biomechanische Tools den letzten unterstützenden Schliff zur Optimierung der Abläufe. Dann sind noch Mechanismen am Werk, die die Zufuhr der richtigen Nähstoffe bestimmen.

3.3   Tipps für den Bewegungsablauf

Mehr Spaß machen richtig ausgeführte Bewegungen. Wenn sie ökonomisch eingesetzt werden, bringen sie sichtbaren Fortschritt. Das lässt sich erlernen, wenn gewisse Regeln eingehalten werden.

• Der Muskulatur einen Wechsel zwischen Spannung und Entspannung gönnen.
• Bewegungen harmonisch und gelöst absolvieren sowie harte Übergänge vermeiden.
• Das passende Tempo einhalten, aber nicht zu langsam im fortgeschrittenen Bewegungsablauf werden.
• Die Bewegungsmuster rhythmisch aneinanderreihen und die nächsten Bewegungen antizipieren.

3.4   Tipps für den Trainingsaufbau

Eine Erhöhung der Leistungsfähigkeit spielt sich nicht ohne Planung ab. Langfristigkeit ist wertvoller als eine vorübergehende Leistungssteigerung. Die einzelnen Komponenten sind an die individuellen physiologischen Zustände anzupassen, dann werden sich auf der Zellebene, im Herzkreislaufsystem und in der Muskulatur Veränderungen einstellen, die zum sportlichen Fortschritt führen.

• Trainingspläne genau vorbereiten.
• Den Belastungsumfang und die Stärke der Belastung vorab definieren.
• Nicht zu häufig im selben Belastungsbereich trainieren.
• Belastungen unter 120 Pulsfrequenz bringen nichts, sie sind zum Leistungsaufbau eher kontraproduktiv.
• Pausen einplanen und nutzen.
• Den Wechsel zwischen Work-out und Erholungszeit minutiös planen.
• Die Belastung von Mal zu Mal stufenförmig steigern.
• Ein Belastungsminimum für die Pulsfrequenz setzen.
• Ganzjährig trainieren, unabhängig von Lust und Witterung.
• Bei Verletzungen den Trainingsplan in einen aktiven Therapieplan ändern, also nicht stillhalten.
• Mittelfristige Trainingspläne in Blöcken der motorischen Fähigkeiten – Kraft, Schnelligkeit, Ausdauer – zusammenfassen, um dann die sportmotorischen Grundlagen ins technische Training zu übersetzen.

* Ist man aufgrund des beruflichen Zeitplans gezwungen, Trainingseinheiten in zusammengefassten Zeitblöcken zu absolvieren, so ist es zweckmäßig, auf die Reihenfolge zu achten: Training der Schnelligkeit vor Schnellkraft, vor Kraft, vor Ausdauer.

3.5 Trainingsinhalte

Ziel eines jeden Trainings ist das Erreichen einer höheren Leistungsstufe. Dazu wird an der physischen Kondition, der sportspezifischen Technik, der Taktik und an den geistigen und mentalen Voraussetzungen gefeilt. Im Training geht es also um die Ausweitung der Möglichkeiten individueller Belastung. Der physische Aspekt betrifft die Konditionierung und die Energetisierung des Körpers.

Das aerobe Training, das heißt das Trainieren mit üblicher Sauerstoffaufnahme, sollte sich am Anfang bei einem Puls zwischen 120 und 130 Schlägen pro Minute, bei aktiven Sportlern zwischen 140 bis 160 Schlägen pro Minute einpendeln. Beim Ungeübten wird natürlich der Puls bald in die Höhe schnellen. Deswegen sollte man sich bei jedwedem Beginn diszipliniert zurücknehmen und im geplanten Pulsbereich bleiben. Es bringt nichts, sich beim Joggen von Vorbeilaufenden im Stolz irritieren zu lassen und sich im Ehrgeiz zu verausgaben. Viel mehr Trainingsfortschritt wird gewährleistet, wenn eisern am vorgegebenen Trainingsplan festgehalten wird. Um in der geplanten Pulsfrequenz zu bleiben und kontrolliert den geplanten Work-out durchzuführen, sollte man beim Laufen stets eine Pulsuhr tragen.

Im fortgeschrittenen Stadium einer mittelfristigen Trainingsplanung kommen die anaeroben Trainingseinheiten hinzu, in denen der Sauerstoff nicht mehr über den üblichen Weg aufgenommen wird. Anfangs könnte sich sehr bald Milchsäure in den Muskelzellen bilden. Deswegen sollte der Aufbau des Trainings stufenweise und nicht abrupt erfolgen. Zunächst bildet eine bestimmte Grundlagen-Ausdauer die Basis für ein steigerungsfähiges Training. Zum Beispiel Joggen wird mit einem von vornherein pulsmäßig festgesetzten kontinuierlichen Tempo begonnen. Später wird das Tempo variiert. Eine weitere Variante besteht darin, unterschiedliche Geländestufen wie Steigungen bei gleich anhaltendem Tempo gleichmäßig zu bewältigen und dadurch eine wechselnde Belastung zu erzielen. Eine ähnliche aufbauende Vorgangsweise spielt sich im Krafttraining ab. Am Anfang wird die Kraftausdauer regelmäßig mit geringen Gewichten trainiert. Verspüren die Trainierenden nach einer gewissen Periode einen Konditionsfortschritt, wechseln sie in die nächsthöhere Trainingsstufe. Jetzt stehen gleichmäßige Wiederholungen,

allerdings mit höherer Intensität, auf dem Programm. Als Nächstes sind Intervall-
sequenzen an der Reihe. Ein ähnliches Prinzip gilt für das Schnelligkeitstraining.
Durch Wiederholungen bei gleichbleibender Belastung und mit Pausen zur voll-
ständigen Erholung erzielt der Sportler je nach Intensität der Belastung positive
Ergebnisse im anaeroben Bereich. Die Fähigkeit, einen hohen Milchsäurespiegel
auszuhalten, kann nur allmählich gesteigert werden.

Die Wiederholungsmethode bei gleichbleibender Belastung liegt beim Krafttraining mit 70 % Widerstand, bei 10 Wiederholungen in 4 Serien mit 4-minütigen
Pausen. Im Schnelligkeitstraining bedeutet dies eine Belastung von 5 s, 5 bis 6 Wiederholungen mit 3- bis 6-minütigen Pausen. Für die anaerobe Ausdauer wird in
einer Minute bei maximal 3 Wiederholungen mit 10- bis 20-minütigen Pausen voll
belastet. Hat die Grundlagenausdauer ein gutes Niveau erreicht, erfolgt der Übergang zum anaeroben Ausdauertraining. Die Muskelzelle bekommt ohne Sauerstoff
sofort Adenosintriphosphat zur Energiegewinnung geliefert. Intervalltraining bedeutet, entweder die Intensität oder den Umfang der Belastung in Abschnitten
zu verstärken. Bei fortgeschrittenem Training kann der Puls bis 180 Schläge pro
Minute und darüber hinaus ansteigen. In den Pausen des Intervalltrainings sollte
sich der Athlet nicht vollständig in den Ruhezustand versetzen, sondern je nach
Konditionszustand bereits bei einer Pulsfrequenz von 120 oder 140 Schlägen pro
Minute wieder in die nächste Trainingsstufe einsteigen.

Ein ähnliches Work-out im fortgeschrittenen Zustand lässt sich auch als zeitliche
Doppelpyramide absolvieren (Pyramidentraining). Die Wiederholungen nehmen
von der Basis angefangen an Intensität zu, um dann nach der Phase der größten
Belastung wieder stufenweise an Intensität abzunehmen. Um die richtigen Trai-
ningsvorgaben zu setzen, ist eine längerfristige Planung notwendig, aus der sich die
genannten Trainingsstufen ableiten. Mittelfristig könnte die Planung alle drei Wochen auf ein nächst höheres Pensum wechseln, um auf den gewünschten Höhepunkt
in einer Saison hinzusteuern.

Es gehört zur Kunst eines Trainers, die Ermüdung des Athleten absichtlich
so zu dosieren, dass die Wiederherstellung selektiv erfolgt. Die physische Ermüdung darf knapp nicht in Erschöpfung übergehen. Dann nämlich wären die
autonom geschützten Energiereserven der Langzeitspeicher aufgebraucht und der
Trainingseffekt dahin. Eine so minutiöse Planung gestaltet sich natürlich für den
Amateurathleten, der auf sich allein gestellt ist, sehr schwierig. Sie benötigt Wissen,
Erfahrung und die nötige Disziplin.

Das Prinzip der „Superkompensation" ist eine sehr subtile Trainingsform, deren positive Effekte außerhalb der Belastung liegen. Die sogenannten „lohnenden
Pausen" müssen genau beachtet werden, um nicht gegenteilige Effekte eines Übertrainings einzufahren. Die Belastungsgrenzen bewegen sich auf einem dermaßen

schmalen Grat der Optimierung, dass diese Form des Trainingsaufbaus am besten unter professioneller Beobachtung gelingt. Bei einer Missachtung der Regenerationsphasen kommt es zu einem sportleistungsmäßigen Ausfall für Wochen und Monate. Manager können in einen Zustand des Leistungsabfalls stürzen, der von Schlafstörungen, Burn-outs und einer Reihe von physiologischen Problemen gekennzeichnet ist. Auf diese Weise wird ihnen die Lust und Freude am Sport schnell genommen.

Vor einem Superkompensationstraining wird der Konditionszustand über Herzfrequenzmessungen in unterschiedlichen Belastungsbereichen und/oder über den Sauerstoffpartialdruck getestet. Daraufhin wird die Trainingsplanung minutiös auf die Leistungssteigerung abgestimmt. Vor allem ist jenen Maßnahmen Beachtung zu schenken, die zwischen den hochdimensionierten Work-outs passieren. Die zweckmäßige Rekreation und die richtige Nahrungsergänzung werden zu wesentlichen Faktoren der Leistungssteigerung.

Manager sollten auch zur Kenntnis nehmen, dass das „Auslaufen" eine wichtige Form der Wiederherstellung ist. Mit dieser Maßnahme nach einem intensiven Work-out können viele verlorene Stunden gewonnen werden, die sonst für eine erzwungene Erholung aufgebracht werden müssten. In den Erholungsphasen ist speziell die Muskelstimulation an biomechanischen Geräten eine effiziente Unterstützung. Ungeduldige Manager sind gut beraten, anfangs die unteren Schwellenwerte der Leistungsskala strikt einzuhalten und dafür mehr an Gleichmäßigkeit und Stabilität zu arbeiten. Das hat nichts mit der Fähigkeit zu tun, höhere Belastungen abrufen zu können. Unüberlegter Ehrgeiz würde langfristig keinen Trainingserfolg einbringen. Ist der Organismus durch Negativergebnisse ausgepowert, besteht sogar die Gefahr, die Lust am Trainieren und an der Bewegung zu verlieren. Bei guter Disziplin werden nach Wochen eindeutige Verbesserungen in der Kondition spürbar. Das Training wird leichter empfunden und höhere Schwellenwerte können angegangen werden. Die aerobe Leistungsfähigkeit verbessert sich derart, dass nun ein gezieltes Training ausschließlich im anaeroben Bereich angepeilt werden kann.

Heutzutage gibt es für Amateursportler zahlreiche Möglichkeiten, sich in den verschiedensten Sportarten auch in Wettbewerben zu messen. Jahreshöhepunkte sind in der Planung wie beim professionellen Athleten minutiös vorzubereiten. Sie werden aus einer langfristig angesetzten Planung gefolgert. Manager, die an Sportevents teilnehmen, sollten sich am besten der Beratung und Beobachtung eines produktiven Coachs anvertrauen.

3.6 **Funktion des Stretchings**

Was hat es mit dem Stretchen auf sich? Die Meinungswoge der Brauchbarkeit schwankt vom unbedingten Muss bis zur Unterstellung eines Placeboeffekts hin und her. Macht Muskeldehnung vor und nach dem Work-out Sinn? Fakt ist, dass Millionen Sportler sich dieser Methoden bedienen, egal welchen Sport sie ausüben. Es wird angespannt, es wird entspannt und es wird die Dehnung 15 bis 30 s lang gehalten.

Als konkreter Vorteil wird vermerkt, dass das Stretchen die Dehnungsweite der Gelenke verbessert und damit auch unnötige Verletzungen vermieden werden. Mit dem animierten Muskelfeeling folgt auch mehr Selbstvertrauen in die psychischen Zustände, die ein Bewegungsablauf erzeugt. Das Muskelgefühl hilft der Psyche. Der Nutzen nach einem Work-out liegt in der Regenerierung der Muskel. Am wichtigsten jedoch ist der Langzeiteffekt von regelmäßigem Stretchen, wenn das Gewebe und die Muskelstruktur nachhaltig gekräftigt werden. Besonders wertvoll ist es für die zahllosen berufstätigen Menschen, die nach getaner täglicher Arbeit zum Freizeitsport wechseln. Der abrupte Übergang wird durch einen kontroversen Effekt abgefedert: Es wird gleichzeitig aktiviert und beruhigt. Es ist darüber hinaus sinnvoll, zwischendurch im Laufe des Tages Auflockerungen zu betreiben oder sich am Sessel oder Tisch abstützend durchzustrecken. Dies fördert nicht nur die Arbeitsbereitschaft vor Ort, sondern ist auch ein brauchbares Vorfühlen auf die sportliche Betätigung nach Feierabend. Schwierige Stretchtechniken sollten bei vorhandenen Problemen im Bewegungsapparat vermieden werden. Besonders die Wirbelsäule, der Nacken und sonstige verletzungsanfällige Zonen sind bei nicht korrekt durchgeführten Übungen gefährdet.

Es kommt also auf den Stretchmodus an. Es gibt nur dann einen Nutzen, wenn richtig gymnastiziert wird. Leider gibt es in der Einfachheit der Methode sehr viele Irrwege. Dann wirkt Stretchen sogar kontraproduktiv und es wäre sinnvoller, vor Verlassen des Hauses zur sportlichen Aktivität die Muskulatur biomechanisch zu stimulieren. Das Stretchen oder Auslaufen nach dem Work-out ist besonders wichtig, wenn mehrere Einsätze in einem Wettkampf über einen längeren Zeitabschnitt bis in ein Finale erforderlich sind. Denn bei jeder Aktivität kommt es unweigerlich zu einer Muskelverkürzung. Durch sofortiges Nachstretchen wird die Muskulatur für den später erfolgenden Einsatz im Wettbewerb rechtzeitig vorbereitet. Damit wird verhindert, dass die kontraktiven Eigenschaften der Muskel sich verschlechtern und die neuromuskulären Impulsübertragungen beeinträchtigt werden.

Kenntnisse der Sportanatomie sind eine Voraussetzung, um zu wissen, welche Muskelpartien mit welchen korrekten Übungen bearbeitet werden. Ein guter Personal-Coach sollte sich darin auskennen. Grundlegend gilt, dass keine abrupten Bewegungen und keine kontraproduktiven Techniken erfolgen sollten, die unerwartete Nebenwirkungen auf den Stützapparat haben. Wie beim Muskelaufbau sollten auch beim Stretchen die Antagonisten nicht vergessen werden. Empfehlenswert ist, die Stretchposition mit einer Ausholbewegung in die entgegengesetzte Richtung auszugleichen. Stretchen lassen sich alle Muskelpartien von Kopf bis zum Fuss. Gesund ist, Stretchen in eine tägliche Routinegymnastik einzubauen. Planmässiges Vorgehen ist dort empfohlen, wo es um die Vorbereitung für spezifische Sportaktivitäten geht, wo es auch um die anfängliche Entwicklung von Kraft für eine Übung geht.

Wohlbefinden nach einer Hochleistung bieten Hydrotherapien, ein exaktes Duschtiming, Biomechanische Muskelstimulation, Massagen, Eisbäder, Relaxationshaltungen mit dem Kopf nach unten (Liegepositionen mit dem Kopf nach unten, Kopf- oder Handstand), das Massieren neuralgischer Punkte (Trigger Points), autogenes Training und Nährstoffzufuhr.

3.7 Basis Ausdauer

Die Grundlage für einen leistungsfähigen Körper ist das Herz-Kreislauf-System. Für die Herz-Kreislauf-Funktionen ist ein regelmäßig durchgeführtes Ausdauertraining das Beste. Die in unserer Gesellschaft weit verbreiteten Dysfunktionen mit ihren katastrophalen Folgen von Herzinfarkten und Schlaganfällen sind statistisch belegt. Ausdauersport ist ein probates Mittel, nicht in diese Risikogruppe hineinzuschlittern. Außerdem ist Grundlagenausdauer für jede andere Sportausübung eine Vorbedingung. Die Sauerstoffzufuhr steigt beim Ausdauersport bis zu 25 %. Zu allen sauerstoffbedingten Kriterien kommt hinzu, dass das vegetative Nervensystem aufs Beste beruhigt wird. Eine gleichmäßige Belastung bestimmt das ergiebige Ausdauertraining.

Will der Trainierende verstärkt an Ausdauerschnelligkeit oder Kraftausdauer zugewinnen, wird er in der weiteren Trainingsplanung Tempo- oder Belastungswechsel einbauen. Der Amateursportler sollte herausfinden, für welche Sportsparte sein Körpertypus geeignet ist. Es macht wenig Sinn, wenn ein natürlicher Schwergewichtler sich auf Bergläufe oder Iron-Man-Events fokussieren wollte. Das Perfektionieren der sportmotorischen Fähigkeiten sollte sich schon ein wenig nach den körperlichen Vorgaben ausrichten. Sprinter weisen nebst Unterschieden im

Gewicht und im Körperbau ein anderes Muskelprofil auf als Ausdauerspezialisten. Das Verhältnis von Fibrillen zum Myoplasma (Muskelflüssigkeit) im Muskel ist bei Schnellkraftsportlern und Ausdauersportlern genau umgekehrt aufgeteilt. Die Änderung der Muskelfaserkonsistenz wäre, wenn überhaupt, nur einmal im Leben über intensives Umtrainieren möglich. Also sollte man schon wissen, ob der sportliche Fokus auf Ausdauer-, Kraft- oder Schnelligkeitssportarten gerichtet ist.

Wer Sport treibt, sollte sich dessen bewusst sein, dass zur Beherrschung jeder Sportart alle drei sportmotorischen Fähigkeiten als Grundlage mit zu trainieren sind. Die Haupt-Sportart ergibt sich dann aus den individuellen Vorlieben. So gesehen ist ein Sport nur dann schlecht, wenn er keinen motorischen Nutzen bringt. Grundsätzlich sollte er sich auch als solcher definieren lassen. Es gibt eben Aktivitäten, die zwar als Sport bezeichnet werden, aber wenig mit sportmotorischer Leistung zu tun haben.

Sport sollte dem Individuum in seiner Entwicklung und zur Formung seiner Persönlichkeit dienlich sein. Je breiter die Palette von Sportarten ist, auf die man zurückgreifen kann, desto besser. Variables Trainieren ist sowohl vom psychischen als auch physischen Standpunkt immer vorteilhaft. Deswegen probieren professionelle Sportler im Training auch andere Sportarten aus, um deren Vorzüge in die eigene Sportstruktur einzubringen.

3.8 Kraft als Gesundheitspfeiler

Kraft wird als immer erwünschte Begleiterscheinung im motorischen Gefüge angesehen. Das Training mit Gewichten ist ratsam, um mehr Kraft zu gewinnen. Um die Kraft dann noch in mehr Explosivität der Bewegung umsetzen zu können, gibt es spezifische Trainingsformen, die später noch beschrieben werden. Hanteln und Stangengewichte genügen eigentlich, um das Repertoire an Kraftübungen für Oberkörper, Körpermitte und Unterkörper zu variieren. In der saisonalen Phase des Kraftaufbaus sollten drei Mal wöchentlich Kraftübungen für jeden der drei Körperabschnitte durchgeführt werden. Für den Allgemeinsport genügt es, je ein Set an Wiederholungen durchzuführen. Jede weitere Steigerung ist eher für Schwergewichtsspezialisten gedacht. Immer langsam aufbauen und mit relativ leichten Gewichten beginnen! Als Grundregel gilt, gefährliche Hauruck-Methoden zu unterlassen. Sie bringen außer Schmerzen nichts ein. Regelmäßigkeit ist geboten, daher sollten die saisonalen Phasen im wiederkehrenden Rhythmus eingehalten werden.

Die Sportwissenschaft teilt die Krafttrainingsarten in einzelne Segmente auf. Mit Maximalkraft wird der fortgeschrittene Aufbau von Muskelmasse betrieben. Kraftschnelligkeit erhöht die individuellen Fähigkeiten der Geschwindigkeit. Leistungssportler sollten wissen, dass sich die Schnellkraft als auch die Explosivität der Bewegung in der modernen Leistungsdiagnose mittels taktiler Sensoren messen lassen. Kommt die Komponente Ausdauer zum Kraftaufbau hinzu, wird die Kraftausdauer geschult, wie sie beispielsweise beim Schwimmen oder im Eisschnelllauf erforderlich ist.

Die Sprungkraft wird durch Plyometrie, eine spezielle Art des Sprungtrainings verbessert. Mit ihrer Hilfe werden sowohl die Sprungkraft als auch die Beschleunigung optimiert. Von Dr. Michael Yessis (2009), einem amerikanischen Spezialisten für Schnelligkeits- und Explosivitätstraining, wurden spezielle Jump-Sohlen entwickelt, die im Training helfen, die Sprungkraft zu erhöhen. Diese Spezialsohlen werden an die normalen Sportschuhe geschnallt, wodurch der Sportler angehalten wird, auf dem erhöhten Fußballen zu laufen. Damit werden Ausfallschritte, Kniebeugen, einbeinige und zweibeinige Sprünge, Sprünge mit Richtungswechsel etc. durchgeführt, die das Sprungkraftvermögen steigern. Um den Körper auf das anstrengende Plyometrie-Krafttraining gut vorzubereiten, sollte als Begleitmaßnahme die Unterschenkelmuskulatur über biomechanische Muskelstimulation bearbeitet werden.

3.9 Energetische Schnelligkeit

Wer möchte nicht in seiner Sportart eine spritzige Dynamik ausspielen? Auf Reize schnell zu reagieren, Situationen schnell zu erfassen und die Geschwindigkeit zu intensivieren, lernt man am effektivsten im Kampfsport. Darum sollten Manager sich nicht nur aus Motiven der psychischen Stärkung in diesen Sportarten üben. Dort wird nicht ein Sportinstrument auf schnelle Handhabung hin benutzt, sondern ausschließlich der Mensch selbst auf Effizienz trainiert. Taekwondo ist beispielsweise eine probate Sportart, um die Reaktionsschnelligkeit zu verbessern und die Fertigkeiten auf andere sportliche Aktivitäten zu übertragen. Zur Kontrolle lassen sich die individuellen Reaktionszeiten über innovative taktile Tools messen und durch neu erlernte Techniken optimieren.

Neben der Reaktionsschnelligkeit, die eine motorische Schaltschnelligkeit ist, gibt es die Aktionsschnelligkeit, in der möglichst rasch eine Bewegungsfolge ausgeführt wird. In Sprints und Wiederholungen mit kurzer Belastungsdauer

(3 bis 10 s) werden schnelle motorische Aktionen trainiert. Voraussetzung für ein erfolgreiches Absolvieren des Schnelligkeitstrainings ist die auf Kraft basierte Kondition. Für dieses Training ist absolute Ausgeruhtheit notwendig. Dabei sind die Pausen zwischen den Wiederholungen korrekt einzuhalten.

3.10 Priorität für koordinative Fertigkeiten

Die koordinativen Eigenschaften werden meist nur am Rande der Sportmotorik erwähnt. Deren Training wird bagatellisiert, wenn nicht gar vernachlässigt. Zu ihnen zählen das motorische Gleichgewicht und die motorische Gewandtheit. Sie sind zentral wichtig zur Pflege der motorischen Grundeigenschaften in allen Sportarten und wertvoll für die generelle Gesunderhaltung des Bewegungsapparates. Manager und Sportler sollten an dieser Tatsache nicht vorbeiblicken und sich in ihrem Training intensiv den koordinativen Fertigkeiten widmen.

Kaum eine andere Sportart stärkt die koordinativen Fähigkeiten so gut wie der Kampfsport. Zum Beispiel ist das Laufen der „Taekwondo-Formen" eine ideale Herausforderung an die vereinten Kräfte von Körper und Geist. Die einstudierten Bewegungsabläufe dienen nicht nur dem Erwerb bestimmter Techniken der Selbstverteidigung, sondern stärken enorm die körperliche und mentale Balance. Kampfsport hilft, sich von schweren mentalen Lasten zu befreien, den Wechsel von Spannung und Entspannung zu fördern und die physische Perfektion in Bein- und Faustaktivitäten umzulegen. Es sind dies Prozesse des Energieaufnehmens, die zum perfekten Resultat führen. Die Sportler werden mental fit und fördern ihr Selbstwertgefühl und Selbstvertrauen. Darüber hinaus bieten die Beintechniken, Kicks, Schläge und Blocktechniken koordinative Vorteile für andere Sportarten.

Zur sportmotorischen Koordination zählt auch die Fähigkeit, physische und psychologische Gegebenheiten aufeinander abzustimmen. Sie wirkt sich auf das Gefühl für die Balance, auf die kombinatorischen Abläufe und auf die körperliche Wendigkeit aus. Es sind oft ganz einfache Übungen wie Hoch- und Standweitsprünge, Kniebeugen, Rolle vorwärts und rückwärts und sämtliche Dehnübungen, die regelmäßig durchgeführt, große Wirkung haben.

Ein von biomechanischer Muskelstimulation unterstütztes Aufwärmprogramm hilft, Verletzungen effizient vorzubeugen und die Gesamtmuskulatur zu stärken. Sportlern, die nach einem längeren Flug oder Strapazen einer Reise erfrischt agieren wollen, ist eine biomechanische Lymphdrainage zu empfehlen. Sie beseitigt alle negativen Auswirkungen von Reisestrapazen auf die Gewebsstruktur. BMS-

Handgeräte werden verwendet, um sich für Sportaktivitäten muskulär abzusichern oder um sich im Alltag nach Strapazen sicher und aktiv zu bewegen.

Das Koordinationstraining wirkt sich positiv auf die kleinen Muskeln und Querverbindungen aus, die sich zwischen den großen Muskeln befinden. Wenn beispielsweise gut aufgewärmte Athleten auf der Tartanbahn mit Muskel-oder Sehnenproblemen unerwartet einbrechen, hat das etwas mit diesen kleinen Muskeln zu tun. Sportler mit einer hypertrophen Muskulatur leiden, trotz gut ausgeprägter Bauchmuskeln, nicht selten an Kreuzbeschwerden. Bauchmuskeln sind zwar als Antagonisten für den Rückenbereich äußerst wichtig, dennoch darf die Bearbeitung der kleinen zwischen den großen liegenden Muskeln nicht vernachlässigt werden. Sie gelten als Stabilisatoren der großen bekannten Muskelgruppen. Übungen auf Gymnastikbällen und ein koordiniertes Atemtraining bei den Stretchübungen helfen dabei, das System der filigranen koodinativen Muskeln zu stärken.

Literatur

Yessis M (2009) Explosive plyometrics. Ultimate Athlete Concepts.

Wellness und Wellbeing

4

4.1 Matrix der Fitness

Am Puls der Zeit steht der Drang zu einer besseren Lebensqualität, um fitter in neue Lebensperioden einzutreten. Wellness hat sich der schnelllebigen Welt mit neuen Möglichkeiten und innovativen Instrumenten angepasst und erlebt immer noch einen unaufhaltsamen Aufschwung. Es erscheint den Menschen erstrebenswert, sich die Schäden der Zivilisation vom Leib zu halten. Auf dem Gebiet des Wohlbefindens sollten sie vom Nutzen des Fortschritts profitieren. Manager wollen wichtige Entscheidungen nicht nur im Vollbesitz ihrer geistigen, sondern auch ihrer körperlichen Kräfte treffen können. Sie müssen ja in den verschiedensten Situationen unterschiedlichsten Herausforderungen standhalten können. Deswegen wird im Business-Coaching auch auf die konkreten Befindlichkeiten von Managern Wert gelegt.

An einem Wochenende allein wird man nicht fit. Versucht der durch Nichtstun strapazierte Körper unvorbereitet zu joggen und hämmert er ungeübt bei jedem Schritt mit dem Dreifachen seines Körpergewichts auf den Boden, zerstört er damit viele Blutzellen. Jede sportliche Tätigkeit braucht ihre Vorbereitung. Gute Sportler vertrauen nicht allein auf ihr Talent, sondern auf Kondition, mentale Stärke und gute Technik. Das ist es, was Manager von Profisportlern lernen sollten. Auch das Laufen, das Basiselement jeglicher Sportausübung, will geplant sein. Eine altbewährte Methode der Konditionskontrolle besteht darin, nach einer intensiven Belastung den Puls sofort zu messen. Nach einer weiteren Minute sollte er sich auf ein Niveau von 100 Schlägen pro Minute eingependelt haben, um nach drei Minuten möglichst auf den gewohnten Ruhestatus zu kommen. Ist man von diesen Werten weit entfernt, ist der Schritt zur ärztlichen Überprüfung ratsam, bevor man sich in weitere körperliche Anstrengungen stürzt. Wer seine Leistungskapazität auf Basis von EKGs kontrollieren will, sollte seine individuellen Aufzeichnungen sammeln.

G. Matuszek, *Sport für Manager,*
DOI 10.1007/978-3-658-03638-6_4, © Springer Fachmedien Wiesbaden 2014

Bekanntlich gibt ein einmaliges EKG genauso wenig Auskunft über den Konditionszustand wie ein einmaliges Blutdruckmessen eine definitive Aussage über den
Blutdruckstatus geben kann. Jeder Sportler sollte sein persönliches Herzfrequenz-
verhalten nach Belastungen kennen. Ist das Belastungs-EKG beendet, beginnt es für
das Feintuning des Leistungssportlers erst interessant zu werden. Nach wiederhol-
ter Pulsmessung wird man feststellen, dass der Puls auf einmal wieder nach oben
ausschlägt. Diese Peaks nach der ersten Erholung sind von Sportler zu Sportler
unterschiedlich und sollten auch individuell betrachtet werden. Kennt der Sportler
das Kurvenverhalten der eigenen Pulsschläge in den ersten Minuten der Erholung,
kann er seinen Trainingsstatus beurteilen. Sollten einmal gravierende Abweichun-
gen der Peaks aufscheinen, sollte entweder der Trainingsplan geändert oder die
Technik der sportmotorischen Ausführung verbessert werden.

An diesem Punkt setzt auch die Kunst des orthomolekularen Monitorings ein.
Da dieses Instrumentarium meist nur dem Profisportler zur Verfügung steht, bleibt
dem Amateursportler nur mehr der Gang zum Sportarzt, der etwas von sportlicher
Konditionierung verstehen sollte. Es gibt Eckpfeiler und Definitionen von Wellness, die ständig den Neuentwicklungen aufgrund des technologischen Fortschritts
angepasst werden.

Fun und Spiel ist die Art von „Disporture", die sehr leicht zum Voyeurismus
und zur Volksbelustigung führen kann. Seriöser Sport hingegen hat den Anspruch
auf Leistung. Das Training dazu führt aus der Bequemlichkeitszone heraus. Das ist
nichts für reine „Voyeuristen", die sich nur an fremden Leistungen ergötzen und
selbst immer mehr in die Untüchtigkeit verfallen. Das geschieht dann, wenn man
ausschließlich als Zuschauer immer mehr der Passivität verfällt. Da hilft es nichts,
am Fernsehbildschirm oder auf Sportplätzen zu meinen, etwas für die Gesundheit
getan zu haben. Umberto Eco soll einmal gesagt haben: „Ich habe nichts gegen
den Sport als körperliche Ertüchtigung. Doch der Schausport ist gefährlich für
die Gesellschaft. Sport als Spektakel ist verlogen: anstatt selber Liebe zu machen,
gehen die Leute ins Pornotheater. Schausport für Massen ist eine Angelegenheit für
Voyeure und durch und durch faschistisch."

4.2 Corporate Fitness Management – CFM

Wellbeing wird immer mehr zu einer betriebswirtschaftlichen und volkswirtschaft-
lichen Herausforderung. Den Unternehmen erwachsenunermessliche Kosten, die
durch Ausfälle von Mitarbeitern verursacht werden, die physisch nicht genügend

fit sind. Nicht minder werden die Unternehmensbudgets von Mitarbeitern belastet, die unter psychischer Überforderung stehen. Der entgangene Gewinn sollte
doch den Personalabteilungen Kopfzerbrechen bereiten. Die akzeptable Fehlzeitra-
te sollte bei 2 % liegen, die Realität in den Unternehmen wird im Durchschnitt mit
8 bis 14 % und mehr beziffert. Der quantifizierende betriebswirtschaftliche Schaden
ist unübersehbar. Nur wenn der arbeitende Mensch selbst Verantwortung für die
Erhaltung und Förderung seiner Leistungsfähigkeit übernimmt, bleibt er für den
„Markt" interessant und kann bis ins fortgeschrittene Alter mit finanziellem Gewinn seiner Tätigkeit nachgehen. Damit erhält die persönliche Gesundheits- und
Leistungserhaltung der Menschen zunehmend auch an ökonomischer Bedeutung.

Wenn Krankheitstage hunderte Millionen Euro Schaden verursachen, Pro-
duktionsausfälle die Unternehmen Milliarden von Euro kosten, unzählige Ar-
beitnehmer an Rücken- und Gelenkschmerzen laborieren, unzählige Manager an
vegetativen Beschwerden, Schmerzen und Übergewicht leiden, sollten doch den
vorhandenen Angeboten an Problemlösungen Tür und Tor offen stehen.

Führungskräften und ihren Mitarbeitern stellt sich oft die Frage, warum sie
bisweilen an unerklärlichen Formschwächen und Leistungsabbau leiden. Un-
vermutete Schwächen lassen sich, wie bei Leistungssportlern, sofort online
analysieren. Koordiniertes Bewegungsmanagement beugt Schäden am Bewegungsapparat rechtzeitig vor. Die Immunstärkung gehört zu den Grundthemen moderner
Wellness. Und die Vorteile eines professionellen Mentaltrainings sollten bei vielen
Problematiken persönlicher Beanspruchungen mitberücksichtigt werden.

In den USA hat man bereits seit längerem die Verbindung von Manage-
menteffizienz und nachhaltigem Management erkannt und bietet entsprechende
Programme an. Auch in Europa nehmen sich große Unternehmen der Gesundheitsvorsorge mittels Programmen für aktive Relaxation und Leistungsdiagnostik
an. Corporate-Fitness-Management lässt sich in jedem Unternehmen unabhängig
von seiner Größe oder seinem Aufgabenbereich einbringen. Nur topfitte Mitarbeiter können Topleistungen abrufen. Die Position ist nicht entscheidend, alle
Teamplayer sollten in ihrem Job die jeweils von ihnen geforderte Leistung erbringen können. Im neuen Jahrtausend gibt es neue Methoden und neues Equipment,
um die genannten Probleme der physischen und geistigen Erschöpfung auch effizient zu lösen. Bewährtes Vorsorgewissen ist mit modernstem Hightech verbunden,
um folgende Fragen zu beantworten:

* Wie können sich Mitarbeiter in einem Unternehmen fit halten?
* Wie lassen sich unerklärliche Schwächen sofort online analysieren?
* Wie kann man Schäden am Bewegungsapparat vorbeugen?
* Wie wird die optimale Immunstärkung gewährleistet?

- Wie wird die oxydative Fähigkeit unterstützt?
- Welche natürlichen Methoden der Schmerzvorbeugung stehen zur Verfügung?
- Wie kann Mentaltraining den Mitarbeitern in einem Unternehmen Nutzen bringen?

4.3   Was wird durch Skill-Management erreicht?

Der Medizinjournalist Dr. Werner Bartens beschreibt in seinem Buch „Was hab ich bloß" den Umstand, dass Krankheitsbilder dem Lauf der Zeit und den sich wandelnden Tendenzen unterworfen sind. Die Arztpraxen sind voll von Menschen mit Rückenschmerzen, die nur dazu bereit sein müssten, ihr Leben etwas zu verändern, z. B. mehr Bewegung, mehr Freude und das Lösen von privaten Problemen. Daraus ergibt sich der Auftrag an ein individuelles nachhaltiges Wellbeing: alle sollten sich für die eigene Gesundheit und für das eigene Wohlbefinden verantwortlich fühlen. Das Wohlbefinden lässt sich nicht über einfache Rezepte definieren. Jedoch gibt es Erklärungen für Wellbeing, so wie Leben verschiedentlich als Chemie, als Bewegung, als Energie und auch als Information beschrieben wird. Hält man nach den einzelnen Merkmalen Ausschau, tauchen gezielte Anforderungen an die persönlichen Fähigkeiten und Fertigkeiten auf, die verbessert werden können.

Skill-Management ermöglicht es, das persönliche Image hinsichtlich der Leistungsanforderungen auf ein hohes Level zu setzen. Die physische und mentale Funktionsfähigkeit soll gestärkt werden. Bleiben Entscheidungsträger physisch geschmeidig, finden sie zu mehr Ausstrahlung und erhalten reziprok psychische Stärke. Ein professionell aufgezogenes Bewegungs- und Ernährungsmanagement weitet die persönliche Energiekapazität in erheblichem Maße aus. Wie es um den individuellen Wellbeing-Status bestellt ist, kann heutzutage eine gut abgestimmte Leistungsdiagnostik mittels moderner elektronischer Tools aufzeigen.

4.4   Orthomolekulare Substitution und Wellness

Will man die zelluläre Leistung des eigenen Körpers positiv beeinflussen, wird man auf Mikronährstoffe wie Vitamine, Spurenelemente, Mineralstoffe und Aminosäuren nicht verzichten können. Bei Mangelerscheinungen wird die Energiebildung reduziert, die Bildung freier Radikale erhöht sich und das Bindegewebe wird übersäuert. Chronischer Mangel an diesen Nährstoffen führt sogar zu Krankheiten, sagen Mediziner. Solche pathologischen Befunde sind hier nicht das Thema der Erörterung. Sie gehören in das Fachgebiet der Medizin und nicht in das der Gesundheitsvorsorge. Dort streiten sich die unterschiedlichen Schulen um die Bedeutung und Wirkung von natürlichen Zusatzstoffen für die diversen Therapieverfahren. Hier soll die Nützlichkeit der orthomolekularen Substitution unabhängig von einem medizinischen Schulstreit an Hand der gesellschaftlichen Umfeldbedingungen systemisch betrachtet werden.

Wenn Vitaminforscher, wie Professor Ghisla Brubacher der Universität Konstanz, von charakteristischen Mangelsymptomen im menschlichen Organismus sprechen, die durch entsprechende Vitaminzufuhr behoben werden können, ist das schon ein entscheidender Hinweis auf die Bedeutung von Mikronährstoffen für den Energiehaushalt des Menschen („Das- 6-Stadien-Modell"– präventologie.eu). Der Nobelpreisträger Linus Pauling, Begründer der orthomolekularen Techniken, betont, dass erst eine ausreichende Dosierung der Vitamine, Mineralstoffe, Spurenelemente und Antioxidantien einen Anwendungserfolg mit sich bringt (Das Vitamin-Programm 1990). Noch stärker klingen die Aussagen von Dr. Joel D. Wallach (1997), Nobelpreisanwärter 1991. Aus seinen 17.000 durchgeführten Autopsien zog er die Schlussfolgerung, dass jeder untersuchte Mensch und jedes Tier, die eines „natürlichen" Todes starben, im Grunde genommen an Mangelernährung verstarben. Seine Ausführungen münden im Vorschlag der 91 Nährstoffe, die in der gesunden Ernährung vorhanden sein sollten: 60 Mineralien, 16 Vitamine, zwölf essentielle Aminosäuren und drei essentielle Fettsäuren. Immerhin spricht die Medizin bei der Demineralisierung von einer pathologischen Verarmung, die zu Herzrhythmusstörungen, Schlafstörungen, Lustlosigkeit, Erschöpfung, Arthrose etc. führt.

Soziologisch ist unwidersprochen, dass sich unsere Lebensgewohnheiten in kürzesten Zeitabständen massiv verändert haben. Außerdem kam es durch die wachsende Umweltverschmutzung, durch die extensive Bewirtschaftung der Agrarflächen, durch die lange Lagerung und den langen Transport der Lebensmittel zu einer Reduzierung an Mineralien, Spurenelementen und Vitaminen in unseren Lebensmitteln. „Die landwirtschaftlichen Flächen sind dermaßen degradiert, dass die nötigen Nährstoffe nicht mehr in ausreichendem Maße vorhanden sind. So enthält der Weizen heute weniger Proteine als früher. Vor hundert Jahren war die Inhaltsqualität um das Dreifache besser. Zudem wird der menschliche Organismus immer mehr den aggressiven zellzerstörenden ‚Freien Radikalen' ausgesetzt"

Um das Jahr 2000 herum gab es einschlägige Studienergebnisse, die aussagten, dass innerhalb eines Jahrzehntes der Gehalt an Mineralstoffen oder Vitaminen je Obst- oder Gemüseart bis zu 70 % abgenommen hat. Der bekannte Präventiv- und Sportmediziner Professor Heinz Liesen fand in einer Studie für den Zeitraum von

1985 zu 1996 bei kultivierten Äpfeln sogar einen Vitamin-C-Verlust von 80 % und bei Bananen einen Vitamin B6-Verlust bis zu 92 % heraus. Man kann sich vorstellen, was seither noch alles an Substanzverlust passiert sein könnte (Sünder 1997).

So erweisen sich jene natürlichen Nahrungsergänzungsmittel als immer notwendiger, die Vitalstoffe enthalten, welche normalerweise in frischem Obst und Gemüse enthalten sein sollten. Nicht nur die Zufuhr von Vitaminen, auch in welcher Kombination sie verabreicht werden, ist für ihre Wirkung erheblich. Isoliert verzehrte Vitamine ohne begleitende enzymatische Unterstützung bringen ebenso wenig Zusatznutzen, wie unüberlegt zusammengebraute Vitaminbomben. Multivitaminprodukte haben den Nachteil, dass sie bei Mangelerscheinungen nicht gezielt eingesetzt werden. Ziellos verwendete Amalgame von Nahrungsergänzung können sogar kontraproduktiv sein. Das gleiche gilt für Mineralstoffe. Jeder Mountainbiker, der einmal Calcium und Magnesium gleichzeitig während des Anstiegs eingenommen hat, wird von dieser negativen Erfahrung ein Lied singen können. Heutzutage lässt sich die richtige Zufuhr von Vitalstoffen und die Kontrolle von eingenommenen Substanzen digital evaluieren, kontrollieren und damit auch individuell steuern. Grundsätzlich gelten aber einige Faustregeln, welche Vitaminpaarungen wirkungsvoll sind:

• Magnesium mit Vitamin B12
• Zink mit Vitamin C
• Vitamin C mit Vitamin E
• Calcium mit Vitamin D
• Vitamin C mit Quercetin
• Vitamin E mit Arginin liefern zusätzlich Serotonin, bekannt als wichtiges Gewebshormon („Glückshormon") und Neurotransmitter.

Arginin ist eine Aminosäure und als richtiges Power-Food bekannt. Quercetin und Arginin finden sich in Zwiebeln, Reis, Kürbis, Citrusfrüchten. Mandeln enthalten Omega-3-Fettsäuren, Vitamin E und Arginin. Es sind dies Inhaltsstoffe, die für den Muskelaufbau und für den Stoffwechsel unentbehrlich sind. Stellen sich bei körperlicher Anstrengung Krämpfe ein, dann sind die Mineralienspeicher entleert.

• Magnesium bietet Abhilfe bei Muskelkrämpfen, es sollte aber eher nach dem Work-out eingenommen werden.

Magnesium, Eisen, Kalium, Natrium, Chlorid und Zink werden bei physischer Beanspruchung oft zu wenig aufgenommen. Zink schützt nicht zuletzt vor freien Radikalen und Verbindungen, die Krebs verursachen.

- Kalium wird zusammen mit Glykogen in die Muskulatur eingelagert und ist deshalb vor allem in der Regenerationsphase wichtig.

Es wirkt als Gegenspieler zu Natrium und ist dadurch blutdrucksenkend. Besonders reich an Kalium sind Bananen, Sojabohnen, Fenchel und grüne Gemüse. Bei Testpersonen, die täglich zwei Bananen verzehrten, sank der Blutdruck durchschnittlich um 10 %. Bananen und Honigmelonen werden meistens gut vertragen, weil sie etwa gleichviel Trauben- und Fruchtzucker enthalten.

- Calcium ist für den Knochenaufbau und für das Zwischenspiel zwischen Nerven und Muskeln wichtig.
- Zink sollte nachgelegt werden, weil es bei Hochbelastungen über den Schweiß und den Urin schnell verloren geht.
- Eisen ist für die Sauerstoffzufuhr in der Energieversorgung enorm wichtig. Ausdauersportler und insbesondere Vegetarier sollten auf die Regulierung des Eisenhaushaltes achten.
- Das Coenzym Q10 ist für Leistungen in der Ausdauer ausschlaggebend.
- Die Hochwertigkeit von Vitalstoffen wird an ihrer Bioverfügbarkeit gemessen, also an der raschen und optimalen Nutzung im Stoffwechsel. In flüssiger Form wirken sie am schnellsten. Sie dienen als Aufbaukost oder zur Vorbeugung gegen Infektionskrankheiten. Bei Überforderung, Stress oder geschwächtem Immunsystem helfen spezielle Kombinationen an Vitalstoffen.

4.5 Vitalstoffe aus der Natur

Nährstoffe, die im Stoffwechsel vom menschlichen Körper zur Lebenserhaltung verarbeitet werden, sind Kohlenhydrate, Fette, Proteine, Vitamine, Mineralstoffe und Wasser. Bloßes Wasser bringt dem Körper die ausgeschwitzten Mineralstoffe nicht zurück. Essentielle Nährstoffe sind diejenigen, die jeder Mensch gemäß seinem individuellen Bedarf unbedingt braucht. Zwei Drittel der essentiellen Nährstoffe machen die Mineralstoffe aus. Selbst durch ausgewogene Ernährung schaffen wir es nicht, den Mineralstoffbedarf so einfach zu decken. Bei Joel D. Wallach (Wallach 1997) ist nachzulesen, dass sogar „Fettleibigkeit durch mangelnde Zufuhr von Mineralstoffen entstehen kann. Wer erzählt, dass mit einer ausgewogenen Ernährung Vitamine und Mineralstoffe ausreichend zu sich genommen werden, ist nicht gut informiert".

Die Lösung der angegebenen Probleme sollte jedenfalls differenzierter angegangen werden, als es so manche Wellnesstempel tun. Wellnessexperten sollten
sich eigentlich mit den vernetzten Wirkungen von Vitaminen in bestimmten Kombinationen zueinander und mit der Bedeutung der Vitalstoffe auskennen. Eine
individuelle Analyse der Ernährungs- und Lebensweise ermöglicht es dem ge-
sundheitsbewussten Menschen, seinen persönlichen Bedarf an Vitaminen und
Mineralstoffen zu ermitteln. Eine auf Gesundheit und Leistungsfähigkeit orientierte
Ernährungstherapie wird den Menschen in seiner Ganzheit ins Auge fassen.

Wie reagieren Sportler, wenn sie entdecken, dass es in der Natur Kräfte und
Produkte gibt, die es mit Antibiotika aufnehmen könnten? Wenn es sich nicht um
ernstzunehmende Krankheiten handelt, ist zu überlegen, den zahlreichen unange-
nehmen Nebenwirkungen aus dem Wege zu gehen. Mit Mitteln aus der Natur lassen
sich die Selbstheilungskräfte auf lange Dauer stärken. Vitalstoffe einzunehmen
macht nur dann Sinn, wenn sie gezielt eingenommen werden. Es gibt spezifische Wirkungsbereiche, die lediglich bei einem individuellen Bedarf unterstützt
werden können. Nahrungsergänzungsmittel sind keine Durstlöscher, sondern zur
Steuerung der Stoffwechselvorgänge in den verschiedenen Situationen gedacht.

Wenn unsere Nahrung heute weitgehend steril und mit künstlichen konser-
vierenden Stoffen versetzt ist, dann ist es verständlich, dass sie den menschlichen
Organismus beträchtlich belastet. Die daraus resultierenden Funktionsstörungen
betreffen in erster Linie den Darm. Das Milieu in einem gesunden Darm ist basisch.
Durch falsche Ernährung wird das Milieu im Darm sauer. Dadurch wird die Darmflora geschädigt, was zur Folge hat, dass die Nahrung nicht mehr optimal verwertet
und das Immunsystem geschwächt wird. Stimmt das Darmmilieu, dann ist die Verdauung gut und verbessert die Bioverfügbarkeit der Vitalstoffe. Eine ausgewogene
Darmflora ist für das Immunsystem des menschlichen Körpers verantwortlich. Ein-
dringende Viren, feindliche Bakterien, Pilzsporen und sonstige Parasiten werden
im Darm besonders von Milchsäurebakterien unschädlich gemacht. Schließlich ist
eine gesunde Darmflora für die perfekte Funktion der Darmschleimhaut selbst von
Bedeutung. Sie verhindert, dass Verdauungsgifte und allergen wirkende Stoffe die
Darmschranke passieren, in den Körper wandern und dort den Stoffwechsel stören. Die natürlichen und wirkstoffreichen „Elementaren Mikroorganismen", noch
dazu in Verbindung mit sauerstoffangereichertem Wasser, erweisen sich als per-
fektes Wellbeing-Breitband-Tonikum zur Erhaltung und Wiederherstellung des
Wohlbefindens. Elementare Mikroorganismen wirken nachgewiesenermaßen an-
timikrobiell und schützen vor Pilzen und Bakterien. Sie wirken antioxydativ und
wehren aus dem Darmbereich heraus die freien Radikalen ab. Damit stärken sie
das gesamte Immunsystem.

Die beste Zufuhr von Sauerstoff erfolgt peroral über Wasser. Ein modernes Verfahren ermöglicht nun, revitalisiertes, levitiertes und ionenphysikalisch gebundenes Sauerstoffwasser direkt aus der Wasserleitung abzufüllen. Fünf Minuten nach dem Trinken des mit Sauerstoff angereicherten Wassers erhöht sich der Sauerstoffpartialdruck. Positive Wirkungen auf die Verdauung wurden nachgewiesen, die Blutwerte und der Blutdruckstatus verbessern sich, die morgendliche Müdigkeit kann verringert werden. Diabetiker finden im levitierten Sauerstoffwasser ein gutes und unterstützendes Getränk.

4.6 Biomechanische Stimulation im Wellbeing

Muskelabbau ist nie gut. Der aufgeblasene Muskel ist aber nicht das entscheidende Element, der Muskeltonus macht die Leistungsfähigkeit aus. Daraus ergibt sich der Vorteil der biomechanischen Muskelstimulation, sowohl im Kraftaufbau als auch bei Verspanntheit und Schmerzen. Fünf Minuten sich am BMS passiv trainieren verändert positiv den Muskelstatus und bringt Entspannung und Beweglichkeit. Kurze und effiziente Erholung über biomechanische Muskelstimulation bedeutet auch, die Spuren von Müdigkeit nach Arbeit und sonstiger Tätigkeit schnell zu beseitigen. Der Körper erfährt eine muskuläre Straffung.

Im Prinzip bietet die biomechanische Stimulation dem im Bewegungsmanagement Befindlichen die gleichen Vorteile wie dem Leistungssportler, nämlich eine Optimierung der Schwingungsprozesse in der Muskulatur. Die körperlichen Applikationen von Muskelaufbau, Relaxation und Regeration betreffen sämtliche Bereiche der Body-, Nacken- und Beinmuskulatur.

Wenn im professionellen Sportgebrauch BMS eingesetzt wird, um die Muskulatur ökonomisch aufzubauen und unnötigen Verletzungen vorzubeugen, ergibt sich für den Normalverbraucher und für alle Berufstätigen mit „Sitzberufen" die Möglichkeit, der Verkümmerung des Bewegungsapparates effizient entgegenzusteuern. Die biomechanische Stimulation schafft bereits Abhilfe, sobald ein Teil der im Körper befindlichen Kapillaren durch mangelnde oder einseitige Bewegung nicht ausreichend aktiviert wird.

Bei einem strapazierten Körper wird Milchsäure schneller beseitigt. Zusätzlich werden Gewebehormone, wie z. B Histamin, Lymphgefäße positiv beeinflussen. Der Muskeltonus wird aktiviert. Die Nervenreize funktionieren wieder. Mit Hilfe der biomechanischen Stimulation wird der Bewegungsapparat auf effektive Weise gesund gehalten, indem Verletzungen vorgebeugt, die Muskulatur aufgebaut und das Gewebe gestärkt wird. Bewährt hat sich die BMS-Methode auch bei Cellulitis, Schmerzen, Durchblutungsstörungen und neuromuskulären Problemen.

4.7 Biomechanische Meridian-Massage

Die Abwehrkräfte werden über die Tonisierung der Meridianpunkte gestärkt. Die Durchblutung wird gefördert und die Energieströme werden aktiviert. Die biomechanische Vorsorgemassage beginnt auf der Kopfhaut. Der Schwingungskopf des biomechanischen Handgerätes wird in regelmäßigen Bewegungen von der Stirn bis zum Nacken geführt. Dann werden in kreisförmigen Bewegungen die Schläfen massiert, daraufhin wird entlang der Augenbrauen und entlang des unteren Randes der Augenhöhle gestrichen.

In senkrechten Auf- und Abwärtsbewegungen wird der Schwingungskopf über die Partie neben den Nasenflügeln und dann in waagrechten Streichbewegungen oberhalb und unterhalb der Lippen, in senkrechten Bewegungen neben den Mundwinkeln und neben den Ohren geführt. Dieses Programm energetisiert gemäß der Traditionellen Chinesischen Medizin nicht nur Gehirnleistungen und Sehleistungen sondern ist für den gesamten Organismus förderlich. Die Reihenfolge des Übens sollte eingehalten werden. Als nächstes sind die Seitenpartien des Halses dran, die mit Hilfe der Schwingungs-Trepitode auf und nieder massiert werden.

In waagrechten Bewegungen werden mit dem biomechanischen Tool der Nacken, in runden Bewegungen die Schulter-, Ellbogen- und Handgelenke bearbeitet. Nicht zu vergessen ist die Massage der Finger in Längsbewegungen und kleinen Kreisbewegungen der Nagelpartien. Bei einem täglichen Work-out kann Gelenksablagerungen und Arthrosen vorgebeugt werden. Die Meridianmedizin verweist auf den Zusammenhang zwischen diesen Partien der Extremitäten und dem Gesamtorganismus.

Der nächste Trainingsblock betrifft Brust, Bauch und Rücken. Mit der Trepitode wird an der Brust von links oben nach rechts unten und dann von rechts oben nach links unten mehrmals mit leichtem Druck gefahren. Die Muskulatur um den Bauchnabel wird in Kreisbewegungen stimuliert. Sehr gelenkige Menschen schaffen es, den Rücken selbst zu bearbeiten. Ansonsten muss ein Partner mit der Trepitode den Rücken links und rechts parallel zu Wirbelsäule von oben nach unten und umgekehrt entlangfahren.

Die Gesäßbacken und der tiefste Punkt der Lendenwirbelsäule werden mit kleinen Kreisbewegungen unter leichtem Druck der Trepitode massiert. Eine

Erleichterung im Hüftgelenksbereich und nach der Stimulierung wird sofort spürbar.

Als Letztes sind nun die unteren Extremitäten an der Reihe. Auf- und Abführen der Trepitode mit starkem Druck auf der Außenseite der Ober- und Unterschenkel stimuliert eine ganze Reihe von wichtigen Meridianpunkten. Kniegelenk und Kniekehle sollten dann wieder in kreisenden Bewegungen stimuliert werden. Abschließend werden noch die Zehen einzeln massiert bevor die Fußsohle intensiv in Längsbewegungen mindestens zwanzig Mal innerviert wird.

Dieses biomechanische Training einer passiven Gymnastik nimmt etwa zwanzig Minuten in Anspruch, ist aber bei regelmäßigem Einsatz ideal geeignet, Verspannungen, Gelenksabnutzungen und sonstigen Schmerzzuständen vorzubeugen. Das Aktivieren der Meridiane und der Meridianpunkte durch die biomechanische Muskelstimulation ist ein regulativer Vorgang und dient der Optimierung der äußeren und der inneren Strukturen des menschlichen Organismus.

In diesem Prozess werden gleichzeitig Beruhigungs- und Anreizmechanismen aktiviert. Durch BMS werden die Meridiane tonisiert, weil die Kontaktstellen in Schwingungen versetzt werden. Dieser Vorgang wird dadurch intensiviert, dass die biomechanische Stimulation zusätzlich den neuronalen Wechselprozess in der Muskulatur fördert.

Abgesehen von der Präventivmassage können bestimmte Meridianpunkte präzise stimuliert werden. Dazu sollte man die Grundlagen der Akupressur und Akupunktur sowie den Energiefluss ein wenig verstehen. Es ist angebracht, die Tagesrhythmen der Meridiane, ihre Anfangs- und Endpunkten, die Tonisierungs- und Sedierungspunkte und die Korrespondierung benachbarter Meridiane zu kennen. Es ist zudem ganz hilfreich, einige Punkte gezielt mittels der biomechanischen Stimulation zu aktivieren.

Die Akupunktur hat zahlreiche Vorteile, die zum Teil noch unerklärt geblieben sind. Es gibt dennoch wissenschaftliche Nachweise in der Gehirnstrombeeinflussung. Auch die Erwärmung in den Körperregionen, denen die Meridiane zugeteilt sind, wurde mittels Infrarotkameras bereits bewiesen. Deutsche Akupunkturstudien wurden an 40.000 Patienten mit chronischem Gelenksverschleiß, Kreuzschmerzen und Migränen mit positiven Resultaten durchgeführt[1].

Im Buch „Die Heilkunst der Chinesen" (Exel und Meng o. J.) von Dr. med. Wolfgang Exel und Dr. med. Chao-Lai Meng sind die Meridiane und deren wichtigste Punkte in einer Anleitung zur Selbsthilfe gut dargestellt. Diese könnten sehr wohl über biomechanische Stimulation optimal angereizt werden. Für den Sportleralltag seien einige wenige herausgegriffen:

---

[1] GERAC-Studien (2002–2007) im Auftrag der Kassen AOK, BKK, IKK.

- Der Punkt des Nierenmeridians befindet unterhalb des großen Fußballens, relativ in der Mitte der Fußsohle und ist ideal zu aktivieren, will man sich entspannen und beruhigen. In der Akupressur wird er auch zur Schmerzbekämpfung bearbeitet.

- Auf dem Magenmeridian, eine Handbreite unter dem Knie, auf der Außenseite des Unterschenkels, zwischen Schienbein und Wadenbein, befindet sich ein Punkt, der für den Allgemeinzustand förderlich ist. Er wird auch zum Wachrütteln aus der Lethargie im Vorstartzustand verwendet

- Auf dem Gallenmeridian, auf der Außenseite des Unterschenkels, unterhalb der spürbaren Gelenkkugel des Knies, befindet sich ein Punkt, der bei Dysfunktionen von Muskeln und Sehnen massiert wird.

- Auf dem Dickdarmmeridian, in der Daumenbeuge ergibt sich beim Anlegen des Daumens eine Erhöhung des Muskels. Er wird gedrückt, um Schmerzen generell zu bekämpfen.

Auf dem Gallenmeridian an der Gesäßseite des Hüftgelenks, befindet sich ein Punkt der bei Kreuzbeschwerden vor einem Wettkampf per biomechanischer Stimulation aktiviert werden kann.

Nervendruckpunkte, die manchmal mit Meridianpunkten übereinstimmen, sind übrigens in der Kunst der Selbstverteidigung sehr wirksam einsetzbar. Sie sind Energiestimulanzpunkte und gleichzeitig verwundbare Körperstellen. Allerdings kommt es sehr auf die Verhältnismäßigkeit des Einsatzes an, da bei übertriebener oder unsachgemäßer Anwendung in der Selbstverteidigung gesundheitliche Schäden die Folge sein könnten. In den Kampfsportarten werden sie auch erst in späteren Trainingsjahren von erfahrenen Meistern geübt. Zum Stimulieren der Meridiane gibt es zahlreiche interessante Punkte im Fersenbereich, am Rist, auf der Faustrückenseite und an der Handkante, jenen Stellen, die bei Kicks oder Faustschlägen auf Schlagpolster nachhaltig stimuliert werden. Selbst die Fuß- und Handreflexzonen werden im Schlagtraining bestens animiert. Training auf Schlagutensilien ist also nicht schädigend, sondern im Sinne der Meridiantechniken eher gesundheitsfördernd. Die Wirksamkeiten betreffen nach der Traditionellen Chinesischen Medizin die verschiedensten Beschwerden in der Skelettmuskulatur, in den Gelenken, aber auch in Organen.

4.8 Augentraining

Die biomechanische Meridianmassage um die Augenpartien ist geeignet, um die Sehkraft zu stärken. Zumindest ist diese Massage einsetzbar, um übermüdete Augen zu entspannen. Der zivilisatorisch bedingten Augenbelastung etwa durch die Fokussierung der Augen auf Bildschirme kann mit Gymnastik und Meridianmassage gegengesteuert werden. Es geht nicht um Heilungs-, sondern um Trainingsprozesse. Deren Wirkung wird nicht nur im Sport geschätzt, sondern auch nach angestrengtem Arbeiten an Bildschirmen oder nach einer nächtlichen Autofahrt.

Das biomechanische Augentraining wird durch biochemische Vorgänge unterstützt. Die Augen haben einen großen Bedarf an Vitamin A. Dieses Vitamin trägt entscheidend dazu bei, dass die Sehkraft verbessert wird. Die psychounterstützenden Vitamine des Vitamin-B-Komplexes sind in diesem Zusammenhang ebenso nützlich wie die Vitamine C, D und E.

Für viele Sportarten ist ein gutes und entspanntes Sehen sehr wichtig. Dabei ist nicht nur die Linsenoptik des Auges gemeint, sondern auch die psycho-visuelle Fähigkeit, das Umfeld wahrzunehmen. Die Antizipation noch nicht sichtbarer Situationen wird durch ein entspanntes Augengefühl, eine gute Konzentrationsfähigkeit und eine befreiende Atemtechnik unterstützt. Die Augen lassen sich also trainieren. Vom Angebot der biomechanischen Meridianmassage abgesehen, gibt es Gymnastik- und Trainingsmethoden, die im Buch „Das neue Augentraining" von Lisette Scholl (o. J.) umfassend beschrieben sind. Gutes Sehen beruht nämlich nicht nur auf einer vorgegebenen Eigenschaft der Augen, die gepflegt werden will, sondern auch auf einer zu übende Fertigkeit.

Die im Buch von Lisette Scholl angewandten Programme der Autosuggestion sind für das Sport- und Wellnesstraining genauso wertvoll wie die dafür eingesetzten mechanischen Methoden der Schnurfusion. Die mit der Fusionsschnur betriebenen Übungen enthalten ähnliche Elemente wie die entsprechenden gymnastischen Bewegungen des Tai-Chi. Dort wird der Wechsel der Betrachtung eines weit entfernten Punktes über einen mittleren zu einem sehr nahen Punkt in Verbindung mit Körperbewegung und Atemtechnik betrieben. Der Trainingszweck liegt sowohl in der Verbesserung der Augenschärfe – und wenn es nur die geistige ist – als auch der mentalen Stärke begründet.

Wenn schon die Kraft der Suggestion bei allgemeinen Trainingsprozessen eine Rolle spielt, wäre es doch den Versuch wert, die Psychofonie in Zusammenhang mit der Verbesserung von Sehfertigkeiten zu bringen. Allerdings funktioniert das Abspielen der eigenen digitalisierten Gehirnklänge nur dann, wenn die EEG-Speicherung vorab in einem vollkommen gesunden Zustand der Augen vorgenommen worden ist.

4.9 Beauty-Training

Für alle, die bereit sind, Unsummen von Geld in leidvolle Schönheitsoperationen oder in chemische Behandlungen zu investieren, wäre es nicht uninteressant, es vorher einmal mit einer einfachen Muskeltherapie versucht zu haben. Das Muskel- und Gewebetraining revitalisiert das Erscheinungsbild der Haut oft schon nach dem ersten Training. Zwölf Trainingseinheiten mit dem biomechanischen Handgerät werden empfohlen, um einen nachhaltigen Erfolg zu erzielen. Danach sollten nach Aussagen von Physiotherapeuten Wiederholungen alle vier Wochen, später alle acht Wochen je nach den individuellen Erfordernissen durchgeführt werden. Letzten Endes geht es ja auch hier um eine Form des Muskeltrainings. Festzuhalten ist, dass dabei biomechanische Impulse und keine chemischen Substanzen oder Reizströme verwendet werden.

Wie lassen sich die Ergebnisse der biomechanischen Hautbehandlung erklären? Die Haut wird besser durchblutet, der Zellstoffwechsel angereizt und der Lymphfluss aktiviert. Mit der angetriebenen körpereigenen Regenerationsfähigkeit kann schon viel erreicht werden. Im vorliegenden Fall erfolgt dies zugunsten der Hautelastizität. Wenn die Haut wieder fest über das Gesicht anspannt, erhalten die Gesichtszüge ein straffes Aussehen. Die Ernährung, die Entschlackung und die Aufnahme von Feuchtigkeit in der Haut nehmen physikalisch zu. Vorhandene Verklebungen werden aufgelöst und über das Lymphsystem abtransportiert. Der Trainingserfolg wird sichtbar, sobald die Haut wieder feinporig und glatt wird.

Mit den kleinen biomechanischen Stimulations-Handgeräten werden folgende Hautpartien trainiert: die Stirn- und Schläfenmuskulatur für die Stirnfaltenbehandlung, die Nasenwurzel, der Schläfenmuskel und der Augenringmuskel für die äußeren Augenwinkel, der Nasenmuskel für die Tränensäcke, die Kaumuskulatur für den Wangenbereich, der Mundringmuskel bei Radialfalten um die Lippen, die Kiefermuskulatur bei Doppelkinn und einer schlaffen Halspartie. Wer nicht daran glaubt, was für eine vielfältige Muskulatur im Gesichtsbereich vorhanden ist, sollte einmal versuchen, ein Blasinstrument zu betätigen. Also ist ein muskuläres Training nicht von der Hand zu weisen.

Transdermale Energie für die Haut ergänzt das biomechanische Hauttraining. Bioaktive Nährstoffkosmetik entspannt das Hautsystem nach sportlichen Leistungen, nach einem stressgeladenen Arbeitstag und fördert den Stoffwechsel in der Haut. Ein kosmetischer Schutz vor schädlichen Umwelteinflüssen hält die Haut geschmeidig und dient auch der Ganzkörperentspannung.

Welche Kosmetikprodukte sind Energielieferanten an die Haut, unser größtes Organ? Wichtig ist, dass sie aus der Natur stammen und in schonungsintensiven Verfahren hergestellt werden. Die ökologischen Naturkosmetika werden aus besonderen Rohstoffen hergestellt und enthalten keine synthetischen Duft- oder Konservierungsstoffe. So wirkt zum Beispiel Colostrum mit Zusatz von wasserlöslichen Vitamin A zellerneuernd. Selbst bei Problemhaut und bei strapazierter Haut aufgrund langen Liegens (Decubitus-Symptome) helfen die natürlichen Wirkstoffe. Einen weiteren Beitrag zur Straffung des Gewebes liefern ozonisierte Öle. Ein ozonisiertes Olivenöl beispielsweise bewirkt ein Absinken des Gehalts an Peroxyden. Dadurch gerät Sauerstoff mit seiner respiratorischen Aufgabe in das Muskelgewebe. Die bakterizide, antivirale und fungizide Wirkung des gasförmigen Sauerstoffgemisches Ozon ist in der Medizin seit langem bekannt. Nun wurde die Anwendung ölhaltiger ozonisierter Substanzen zur Zellregulierung entdeckt. Es ist gut, wenn die kurative Kosmetik, und nicht nur die dekorative, an Einfluss und Umsatz wächst.

4.10 Vom gesunden Schlaf

In der Gesundheits- und Leistungsvorsorge ist die Bedeutung des gesunden Schlafs nicht zu ignorieren. Der Schlaf wird zur Regeneration des Körpers und des Geistes gebraucht. Er veranschaulicht in gewisser Weise auch das Mystische in unserem Dasein, indem er daran erinnert, dass es auch andere Welten geben könnte. Wir sollten ihn nicht als Zeiträuber fürchten, er ist nichts Überflüssiges und schon gar nichts Nutzloses. Er führt uns in die Demut zu erkennen, dass wir nicht alles allein bewältigen können und nicht ununterbrochen aktiv wirken müssen. In der Passivität des Schlafens dürfen wir Neues erleben. Nach einem guten Schlaf gehen wir gestärkt für ein neues Handeln hervor. Doch braucht der Schlaf auch Qualität. Gesunder Schlaf ist guter Schlaf.

Guter Schlaf ist wichtig für die Gesundheit und für die Leistungsfähigkeit. Schlafstörungen sind die Ursache von Schlafmangel, der am nächsten Tag zu Müdigkeit, Abgespanntheit, Leistungsschwäche, Störungen der Konzentration und Aufmerksamkeit, Gereiztheit, Aggressivität und Tagträumen führt. Kommen Schlafstörungen häufiger oder ständig vor, kann der Schlafmangel nicht mehr ausgeglichen werden. Die Symptome verschlimmern sich, organische Störungen vor allem im Herz-Kreislauf-System und den Verdauungsorganen treten hinzu.

Bei Sportlern ist nicht anzunehmen, dass sie vor dem Schlafengehen aufputschende Getränke, wie schwarzen oder grünen Tee, oder gar Alkohol konsumieren. Aber es gibt genug andere individuelle Reize, die den Schlaf stören. Dazu gehören psychische Gereiztheit, Problemüberhänge oder Wettkampfstress. Diese Symptome lassen sich durch mentales und autogenes Training beheben. Unterstützend wirkt die Einnahme von Getränken mit mikrobakteriellen Nährstoffen, die das Wohlbefinden auch im Schlaf erhöhen. Als eine der häufigsten Ursachen für Schlafstörungen bei gesunden Menschen gilt die Überlastung durch Lärm, Elektrosmog, Wasseradern und sonstige negative Strahlungseinflüsse. So gehört zur Schlafhygiene auch eine gute Baubiologie. Der menschliche Organismus fühlt sich in Störzonen nicht wohl, bei Tag – und erst recht nicht bei Nacht. Sowohl künstliche als auch natürliche Störfelder vergrößern das Risiko zum schlechten Schlaf. Nur weil Strahlen unsichtbar sind, heißt es nicht, dass sie ungefährlich sind. Sie sind eine physikalische Realität.

Gesunder Schlaf ist wertvoll und notwendig für eine gute Lebensqualität. Zu Hause oder auf Reisen ist er eine wichtige Voraussetzung für ein positives Wellnessempfinden. Sind unsere Schlafräume frei von Störzonen, schlafen wir gesünder. Denn Schlafstörungen führen zu Schlafmangel, Schlafmangel lässt die negativen Symptome ansteigen und führt kumuliert zu organischen Störungen. Positive Maßnahmen können den potenziellen Stress mindern. Doch nicht immer und überall kann man Betten umstellen oder in ein anderes Bett wechseln. Abhilfe schaffen effiziente Abschirmmaßnahmen. Dazu zählen Matten, die gewöhnlich im Kern aus einer Speziallegierung angefertigt sind, um die Strahlungen zu absorbieren. Sie wirken zunächst nur oberflächlich, da ja Strahlen physikalisch nicht eliminiert werden können. Sie müssen irgendwo wieder zurückentladen werden. Natürlich wäre es am besten, solche Abschirmmatten in die Bausubstanz gleich zu integrieren. Für biologisch konstruierte Häuser sollte dies eine Grundvoraussetzung sein.

4.11 Qualitatives Mentaltraining

Mentale Fitness wird über die körperliche Fitness gefördert. Gedächtnisleistungen werden durch die mentale Einstellung und durch richtige Ernährung gestützt. So wie gesundes Essen und Bewegung die Intelligenz fördern kann, werden im Umkehrschluss schlechte Lebensgewohnheiten der Intelligenz nachhaltig abträglich sein. Deshalb haben Anti-Stress-Programme in vielen Lebenslagen Konjunktur. Auch Sportler sind dem Burn-out ausgesetzt. Bei den kurzfristigen Hochleistungen, die ständig wiederholt werden, kommt es zur massiven Adrenalinausschüttung. Die psychische Readjustierung wird zu einem wesentlichen Bestandteil des Trainings.

Sowohl im Leistungssport als auch im Management kommt dem Mentaltraining eine besondere Bedeutung zu. Alternatives Training und Mentalmanagement induzieren intensive Zustände im Bewusstsein, die die mentale Stärke verbessern. Die mentale Funktionsfähigkeit und die geistige Energiekapazität werden durch regelmäßiges mentales Trainieren gestärkt. Das moderne Mentaltraining erfolgt immer mehr mit Unterstützung von elektronischen Tools. Die Methodik reicht von kommunikationstechnischem Know-how bis hin zum digitalen Monitoring und Training.

Teuer, aber wirksam ist das Equipment eines Mentalfonietrainings. Unter der ursprünglichen Bedeutung der „Psychofonie" diente diese Technologie in der Medizin der Schmerzbekämpfung. Dieses Verfahren ist nicht medikamentös und nach bisherigen Erkenntnissen frei von Nebenwirkungen. Aus dem Hirnstrombild der Probanden wurden bestimmte Frequenzanteile entnommen, digital in Töne umgewandelt und auf einem Tonträger aufgezeichnet. Die Schmerzgeplagten lassen die eigenen Gehirnklänge aus einem ehemals noch positiven Zustand auf sich, das heißt auf ihr Schmerzgedächtnis, einwirken. Durch diese Tonfolgen werden die im Stammhirn vorhandenen Reaktionsmuster unmittelbar auf natürlichem Weg konditioniert. Auf diese Weise werden die funktionellen Störungen bis zur völligen Beschwerdefreiheit reduziert. Klinische Studien (An Auditory Electrophysiological Intervention in Migraine 2002) belegen den Nachweis der Wirksamkeit dieser Methode. Der Nachteil liegt darin, dass die Hirnstrombilder noch im ehemaligen Zustand der Gesundheit und Schmerzfreiheit aufgenommen werden müssten.

Im Sporttraining erfüllt die Mentalfonie die Aufgabe, sich durch Abhören der eigenen Gehirnwellen optimal auf die Performance vorzubereiten. Generell stimuliert Musik die Perzeptionsfähigkeit genau dort, wo auch z. B. Kokain stimuliert (Levithin o. J.). Nervenstränge werden animiert, in den Neuronen wird praktisch die Musik gespeichert. Durch diese Mechanismen lassen sich im weiteren Sinn Übermotivierung genauso steuern wie Ängste abwehren. Das Abhören der eigenen digitalisierten Gehirnströme konditioniert die positiven Trainingserfahrungen. Mentalfonie ist optimal einsetzbar zur Stressbewältigung, zur Zielstabilität, zur Verbesserung von Motivation und Konzentration im Wettkampf. Und sie unterstützt das Trainingstiming in seinen unterschiedlichen Rhythmuskonzeptionen.

Potenziert werden all die technologischen Methoden durch eine richtige Ernährung, die dem Energieverbrauch des Gehirns gerecht werden. Genährt werden nämlich nicht nur die physischen, sondern auch die geistigen Funktionen. Es sind dies vorzüglich Kohlehydrate und alle Nahrungsmittel, in denen der Vitaminkomplex B enthalten ist (Dinkel, Hirse, Weizen) und Fischspeisen mit ihrer Erhaltungsfunktion für das Nervensystem. Als Draufgabe sind Karotten, Äpfel, Birnen, Nüsse, Sonnenblumenkerne und Milchprodukte ein genüsslicher Zusatz. Begründet wird dies mit dem Vorhandensein von Kalium, das wichtig für das Nervensystem ist, von Folsäure und den kostbaren Vitamin-B-Juwelen.

Durch die Interdependenz der Globalisierung hat auch das fernöstliche Wissen über geistige Fitness, wie es die alten asiatischen Mönchskulturen über Jahrhunderte weitergegeben haben, bei uns Einzug gehalten. Dazu zählen Nahrungsmittel wie grüner Tee und verschiedene Zusätze des asiatischen Essenzentisches. Drei biologische Produkte aus der Natur erreichen in unseren Breitengraden einen immer höher stehenden Bekanntheitsgrad: die uralte koreanische Ginsengwurzel, die Kraftknolle Maca aus Peru und die Samen des chinesischen Gingkobaumes. Auch das Abendland hat Jahrhunderte altes Wissen zur Gehirnnahrung tradiert. Die Bedeutung von Lecithin und Vitamin C ist bekannt. Lecithin liefert Cholin und Linolsäure, die für die Elastizität der Gehirnzellen förderlich sind. Die Reizüberflutung der modernen Welt fordert viel geistige Kraft, Nerven und Konzentrationsfähigkeit. Lecithin ist als Langzeitversorger für gute Hirnleistungen wichtig. Nicht zu vergessen sind die Gehirnnahrungsrezepturen mit Dinkel und Kastanien von der großen Metaphysikerin und Naturheilerin Hildegard von Bingen.

Auf einen einfachen Nenner heruntergebrochen, ist all diesen Nahrungsmitteln die antioxydative Wirkung gegen freie Radikale gemeinsam. Freie Radikale sind hochreaktive Stoffe, die alle Körperzellen und somit auch die Gehirnzellen schädigen. Die Bekämpfung der Freien Radikale ist das Kernthema im Better-Aging-Prozess.

Um auf Dr. Joel Wallach (1997) zurückzukommen, sind es wiederum Mineralstoffe wie Magnesium, Kalium, Calcium und Phosphor, die für die Gehirnnahrung so wichtig sind. Im Umkehrschluss gilt es zu vermeiden, dass sich Substanzen aus einer ungesunden Lebensweise ansammeln, die dem Gehirn schaden.

Verständlicherweise werden pharmaindustrielle Kreise bei der Erwähnung biologischer Methoden ins Räuspern kommen. Doch es geht in diesem Zusammenhang nicht um die Problematik Krankheit, sondern um das Prinzip Gesundheit und Vorsorge. Letzten Endes bleibt die alte Binsenweisheit immer noch relevant, dass auch das Gehirn einem ständigen Training unterzogen werden muss, um fit zu bleiben.

4.12 Modernes Saunieren

Im Leistungssport, aber auch bei Freizeitsportlern, hängt der Wert des Saunierens vom individuellen Profil ab. Nach der Höchstbelastung das Herz-Kreislauf-System wieder auf Hochtouren zu bringen, ist nicht immer für die Gesundheit förderlich. Da bietet sich ergänzend zur biomechanischen Rekreation der Einsatz des Infrarot-Saunierens an.

Diese Form der Sauna stimuliert die Durchblutung, ohne den Kreislauf zu belasten. Untersuchungen der NASA ergaben, dass Kreislauf-Stimulierung durch infrarote Wärmestrahlung die ideale Methode ist, um die Kondition amerikanischer Astronauten während langer Raumfahrten auf konstantem Niveau zu halten. Daraus entwickelte sich die Ferninfrarot-Radiatoren-Technologie in einem Sweater, der mit einer neuen speziellen Reflektoroberfläche versehen ist. Diese direkte Erzeugung von FIR-Strahlung durch elektrisch leitfähiges FIR-Material bringt wesentlich größere Energieeffizienz als die erste Infrarot-Generation in Kabinen. Sobald das Gewebe maximal stimuliert worden ist, setzt die restliche Strahlungsenergie ihren Weg fort, ohne dabei schädlich zu sein.

Wir vermeiden Krankheitsstress, indem wir schon beim ersten Anflug einer Erkältung ein homöopathisches Mittel einnehmen und/oder das Infrarot-Saunieren praktizieren. Das FIR-Radiatoren-Paar kann zudem außerhalb des Sweaters zur Bestrahlung von Zerrungen, Gelenksbeschwerden und auch bei Erkältungen eingesetzt werden. Eine um den Körper gestülpte Saunahülle, der FIR-Sweater, garantiert eine Wellnessbehandlung, die flexibel, platzsparend und kostengünstig ist.

4.13 Wellness-Auswüchse

Wo das Geld winkt, gibt es natürlich auch negative Auswüchse. Eine Wellnessbranche, die ein 8-prozentiges Wachstum aufweist, kann zu Interpretationen verlocken, die nichts mit Gesundheitsvorsorge oder Fitnessverbesserung zu tun haben. „Wellnepp" findet sich beispielsweise in eleganten Wohlfühloasen mancher Hotels, in denen eine gewisse Scheinwellness unter geschickten Brand-Names ungeprüft und unzertifiziert angeboten wird.

Vorsicht ist ebenso dort geboten, wo Heilsverkünder allerhand Hokuspokus in Privatzirkeln oder via Internet anpreisen. Finanziell gut gesteuertes Marketing ist leider auch in der Lage, ineffiziente Produkte in großem Stil an den gutgläubigen Konsumenten heranzutragen. Dadurch werden andere positive innovative Entwicklungen im Keim der Vermarktung erstickt.

Nicht alle Fitnesstrends entsprechen dem Effizienzcharakter von Sport und Wellness. Freilich werden solche wertlosen Varianten von einer Industrie in Goldgräberstimmung gesteuert. In lapidaren Aussagen wird oft profitsüchtig an der Wahrheit vorbeigezielt. Die inflationär sich ausweitenden Gymnastikvariationen, Power-Walking oder vielfältige schlechte Imitationen der klassischen fernöstlichen Kampfkünste sind Beispiele abartiger Fitnessangebote. Abartig deswegen, weil sie aus Sicht der Bewegungslehre und Trainingssystematik auf lange Sicht gesundheitlichen Schaden anrichten können.

Inzwischen ist auch hinlänglich bekannt, dass genauso wie Tabak oder das Hepatitis-Virus u. a. auch Solarien definitiv krebserregend sind (Europäischer Kodex gegen Krebs 1987). Wellness hört dort auf positiv zu wirken, wo statt Prävention und Erholung, langfristig Schäden die Folge sind. Derartige negative Folgen stellen sich etwa bei falschem Saunieren, unprofessionellem Trainieren oder unreflektiertem Einnehmen von Substanzen oder Drogen ein.

Kohlensäurehaltige Getränke gehören nicht unbedingt zu den Fitnessstimulatoren des Körpers, sind aber immer noch harmlos im Vergleich zu bestimmten Modegetränken. Energy-Drinks haben den Effekt, die Herzfrequenz anzukurbeln und damit Vitalität vorzutäuschen. Das Säure-Basen-Verhältnis wird ordentlich zerrüttet. Der Angriff auf den Magen-Darm-Trakt macht die Aufputscher insbesondere für Ausdauersportarten unrentabel. Unangenehm könnten Energy-Drinks bei übermäßigem oder andauerndem Konsum werden, der sowohl Mangelerscheinungen als auch eine neue Müdigkeit provoziert.

Da der Organismus immer mehr nach einem „Auftanken" verlangt, gleitet der Konsument unvermeidlich in ein Abhängigkeitsverhältnis hinein. Immerhin warnte das „Deutsche Bundesinstitut für Risikobewertung" vor gesundheitlichen Risiken beim Konsum größerer Mengen derartiger Getränke. Im Zusammenhang mit ausgiebiger sportlicher Betätigung könnte es unerwünschte Wirkungen wie Herzrhythmusstörungen, Krampfanfälle oder Nierenversagen geben.

Durch die Neurotoxica wird eine Hyperaktivität provoziert, die organische Psychosyndrome zur Folge hat. Trainer gestatten manchmal ihren Schützlingen erst gegen Ende eines Sportevents den künstlichen Kick mit Energy-Drinks, damit die Sportler erst danach in ein eventuelles Loch der Erschlaffung fallen. Inwieweit dies mit dem ethischen Empfinden auf den Gesundheitsanspruch vertretbar ist, sei dahingestellt. Es erinnert stark an Methoden, die an den ehemaligen DDR-Athleten versucht worden sind.

Zu beobachten ist auch ein steigender Konsum an Anabolika in Fitnessstudios. Doping wird überhaupt zu einem gesellschaftlichen Problem gerade im Hobbysport. Dort fehlt es noch dazu an fachlicher Betreuung. Die Muskelpillensucht führt zu einem Missbrauch, von dem die wenigsten wissen, dass diese Stoffe zu Krebs, Herzleiden, Impotenz, Depression, Osteoporose und sonstigen degenerativen Veränderungen führen. Die vorübergehenden Vorteile liegen nur in einem kurzen Jetztzustand verankert, die Kriterien sind aber langfristig auf das Dann zu konzentrieren.

Gegen den Wildwuchs in der Wohlfühlbranche kann durch modernes Nachhaltigkeitsmarketing entgegengesteuert werden. In „Management der Nachhaltigkeit" werden Instrumente des Testens und Publizierens von Service und Nachhaltigkeit gerade auch in Bezug auf Wellnessqualität und Gesundheitsvorsorge beschrieben (Management der Nachhaltigkeit 2013).

Erwähnenswert ist auch, dass ein übertriebenes Ausdauertraining abhängig machen kann. Übertreibung riskiert den Kontrollverlust über die sportliche Planung und setzt auch die Gesundheit aufs Spiel. Die Grenzen zwischen dem Ehrgeiz von Sportlern und dem krankhaft süchtigen Verhalten sind schwer erkennbar. Das richtige Maß wird für Normalverbraucher wohl in der goldenen Mitte liegen, ohne dabei zur Laschheit zu animieren. Weder das normale Leben samt den intellektuellen und kulturellen Interessen noch das gewohnte soziale Verhalten dürfen durch unklug betriebenen Sport behindert werden. Dafür sollten Trainierende vielleicht sogar mit der Hilfe ihrer Coaches sensibilisiert werden. Wohlgemerkt ist das eben erwähnte Segment der krankhaften Übertreibungen relativ klein im Vergleich zu der Masse der selbstverschuldet untüchtigen Bewegungsgestörten.

4.14   Ohne Rauch geht's auch

Rauchen ist ein Leistungskiller, der vielerlei Funktionen des Körpers im Physischen wie im Geistigen negativ beeinflusst. Im Thema Sport und Wellbeing rührt die Argumentation gegen das Rauchen nicht so sehr an den gewaltigen Ausmaßen der Gesundheitsschädigung, die in die Abteilung Medizin gehört. Das Rauchen ist immerhin als die weltweit wichtigste Quelle vermeidbarer Morbidität definiert. Rauchen beeinflusst negativ die Genstruktur des Menschen. Bekanntlich ist das passive Rauchen mindestens ebenso gefährlich wie das aktive Rauchen. Wenn Genuss subjektiv ist, dann sollte er nicht über die Schädigung des Nächsten erfolgen. Mögen Raucher sich selbst schädigen, aber andere unversehrt lassen, ist wohl der positive Aspekt der entwickelten „rauchfreien Zigaretten".

Da durch das Rauchen sowohl die physischen Kapazitäten als auch das Denkvermögen beeinträchtigt wird, trifft eine solche Reduktion menschlichen Leistungsverhaltens vor allem Sportler und Hochleistungsmenschen. Im Bewegungsapparat schädigt das Rauchen die Mitochondrien der Muskulatur und die Zellstrukturen. Damit ist allein schon die motorische Leistungsfähigkeit von Sportlern erheblich beeinträchtigt.

Inzwischen haben wissenschaftliche Studien die Zeit eingeholt und nachgewiesen, dass das Rauchen die kognitiven Fähigkeiten des Menschen und seine Intelligenz negativ beeinflusst. Verständlich, dass das Rauchen sowohl im Sport als auch im Management verpönt ist. In den Managementetagen großer Unternehmen ist es schon seit Jahrzehnten wegen der Leistungsbeeinträchtigung und auch wegen des Imageschadens untersagt und wird in Assessments negativ bewertet. Wenn Fähigkeiten wie das Reaktionsvermögen, das rechtzeitige Einschätzen von Situationen oder das Denkvermögen durch das Rauchen vermindert werden, hat dies in der Gesamtheit eine Reduktion der Lebensmechanismen zur Folge. Alle Formen eines vermeintlichen Wollens, gesund zu leben, gleichen bei Rauchern dem Bemühen, einen völlig durchlöcherten Regenschirm zum Schutz gegen strömenden Regen aufzuspannen.

Von der Empfindlichkeit der Physis weiß niemand besser Bescheid als Sportler. Aber auch die Normalverbraucher sollten wissen, dass ihre Knochen, ihre Muskeln und ihre Energiemechanismen schon in jungen Jahren durch schwerwiegende negative Immissionen, wie eben die des Rauchens, beschädigt werden. Mit zunehmendem Altern, das ja bekanntlich schon früh losgeht, wird der Zustand dann noch viel dramatischer.

Rauchen schlägt somit auch aufs Hirn. Wissenschaftler am University College London veröffentlichten 2011 in einer Langzeitstudie (über 25 Jahre), dass Rauchen mit einem kognitiven Leistungsabbau verbunden ist[2]. Im Vergleich zu Menschen, die ihr Leben lang nicht geraucht hatten, verschlechterten sich die Raucher vor allem in der Bewältigung von höheren mentalen Aufgabenstellungen[3].

Das Downgrading von Körper und Geist durch das Rauchen wird für die Gesellschaft bedenklich. Das Nichtrauchen ist für eine nachhaltige Entwicklung im gleichen Maße vorrangig, wie es wichtig ist, kein Altöl in einen klaren Bergbach zu kippen. Die Bedeutung von Wellness bekommt eine neue Dimension.

4.15 Der Wellnessmarkt

Der Wellnessmarkt genießt in der Freizeitgesellschaft eine ständig wachsende Beliebtheit. Den Konsumenten ist es wichtig, die Angebote der Wirtschaft genau unter die Lupe zu nehmen. Die Dienstleistungen im Wellnesssegment von morgen müssen Antworten bieten, wie das Wohlbefinden im Sinne einer verbesserten Gesundheitsvorsorge gesteigert wird. Dazu zählen auch die Angebote zur Leistungsoptimierung. Der Innovationscharakter von Wellnessprogrammen wird an

---

[2] Whitehall-II-Studie (1992) Department of Epidemology and Public Health University College, London.

[3] „Lifetime Achievement Award" an Professor Dr. Monique Breteler (2012) Universitätsklinik Rotterdam, Deutsches Zentrum für Neurodegenerative Erkrankungen.

der Effizienz, am Komfort und an der Zeitersparnis gemessen. Die diesbezügli-
chen Services hängen stark von der qualifizierten persönlichen Betreuung und von
innovativen Technologien ab.

Der Ruf nach mehr Energetisierung und Vitalität entspricht den Herausforderungen unserer Zeit. Der Zeitstress wird höher und die zivilisatorisch bedingten
Dysfunktionen des Körpers nehmen zu. Gesellschaftlich sind wir mit sozialen
Herausforderungen und neuen Qualitätsbedürfnissen aufgrund einer höheren Lebenserwartung konfrontiert. Das bedeutet aber auch, dass zur Prävention nicht
mehr allein Ärzte zu Rate gezogen werden, sondern persönliche Coaches, Fach-
leute der Ernährungsberatung, der Naturheilkunde, der Kosmetik etc. Sport hat
nachweislich Einfluss auf die individuelle Lebenserwartung. Doch viel wichtiger ist
der Einfluss auf die Lebensqualität bei gleichzeitig höherer Lebenserwartung.

Durch die Individualisierung der Managementprogramme wird der Faktor Business mit Wellbeing–Erlebnissen verflochten. Der Leistungsspielraum für Manager
wird definiert durch die ökonomisch optimierte Aufteilung in Zeit für Business und
Zeit für Erholung definiert. Die positive Bewältigung dieser Herausforderungen
wird immer interessanter, komplexer und schwieriger.

4.16   Die Wellnesshotellerie

Im gegenwärtigen Trend wird sich die Touristikbranche mit weitreichenden
Konsequenzen umstrukturieren. Zum reinen Wellnesstourismus wird sich laut
Trendforschung ein New-Business-Tourismus einer anderen Art gesellen. Wenn
es zu einer möglichen Reduktion von Flugreisen kommt, dann wird im globalen
Business der Bedarf steigen, mit dem entfernten Geschäftspartner öfter ohne den
Aufwand des teuren und mühevollen Reisens zu kommunizieren. Das aber sollte
dann ohne Verzicht auf ein Erholung spendendes Ambiente erfolgen.

Führungskräfte werden nach neuen Motivationen in einem Umfeld von Nah-
erholungsgebieten mit allen Möglichkeiten zur globalen Kommunikation suchen.
Aus dem Wellnessgedanken entsteht eine neue Business- und Kreativitätsqualität.
Aus diesem Wechselspiel von Mobilität und Qualität eröffnen sich der Hotellerie
lukrative Nischenmärkte.

Die Hotellerie muss auf mehr Kundenorientierung im Wellness- und Fitnessek-
tor setzen und darf die Schleife zur Business-Office-Kommunikationsstruktur nicht
versäumen. Sie wird sich zudem mehr auf Produkt- und Dienstleistungsvermark-
tung konzentrieren. Sie kann sich sehr gut in Offerten an Wellbeing-Monitoring
und Wellbeing-Produkten einbringen. Auch das Organisationsmarketing wird sich

auf Business und Wellbeing fokussieren. Hightech-Commodities zum Nutzen der Gäste werden zum erklärten Servicebenefit. Wenn die Wellnesshotellerie mehr auf den Faktor Gesundheit setzt, wird sie ein sehr modernes Cross-Marketing betreiben. Sie wird sowohl Wissen als auch Produkte zur Gesundheitsvorsorge anbieten.

Was erwarten sich Konsumenten von einer seriösen Wellnesshotellerie? Keinesfalls wollen sie sich Scharlatanerien im Spa-Bereich ausgesetzt wissen. Aus diesem Grund ist für das Prestige eines guten Wellnesshotels eine Wellness-Qualitäts-Zertifizierung nützlich. Konsumenten erwarten einen persönlichen Nutzen aus den Wellbeing-Angeboten. Sie möchten in Fragen des Bewegungsmanagements, der Trainingsunterstützung und eventuell bei der Therapierung von Verletzungen gut beraten sein. Der Wellnessgast der Zukunft wird verwertbare Informationen zum Energiestatus, zur Sauerstoffkapazität oder zur Immunstärkung anfordern.

Mit den neuen Instrumentarien der Zertifizierung wird geprüft, worin der Nutzen der Wellnessleistungen für den Hotelgast besteht. Der Gast sollte die Möglichkeit haben, in einer Art Erfahrungsprotokoll die motorischen, gesundheits- und leistungsfördernden Aktionen seines Wellnessaufenthaltes durchzuchecken. Auf diese Weise wird ihm der Zugang zu innovativen Methoden aus der Schul- und der Alternativmedizin, der Sportwissenschaft und der Sportindustrie ermöglicht. Die erhaltenen Anreize werden nicht nur für die Dauer eines Hotelaufenthalts, sondern nachhaltig für den Alltag programmiert sein.

Ein Wellness-Check in der Hotellerie bezieht sich auf die Beurteilung solcher Angebote. Dazu gehören innovative technische Einrichtungen, Trainings-Tools, Relaxierungsangebote, Therapiemöglichkeiten, Product-Placements und ein gehobenes Informationsniveau über das gesamte Paket. Die Messvariablen in der allgemeinen Beurteilung betreffen die Qualifikation des Wellnesspersonals, das Terminmanagement und die Beratungsleistungen in Wellness und Gesundheit. Spezifische Befragungen gehen auf Wellness-Alternativlösungen, auf Sportberatung, auf die Durchführung von Leistungsdiagnostik und Energiechecks, auf Berufs-Fitness-Leistungen, auf Bewegungs-, Ernährungs- und Mentalmanagement und eventuell auf Informationen von Therapiemaßnahmen ein. In einer Service-Wirkungs-Kontrolle wird der Bezug zwischen Service-Optimierung und Hotelproduktivität hergestellt werden.

Ist ein Hotel einmal auf Wellnessqualität zertifiziert, wird es auch über ein professionelles Serviceteam verfügen, das Informationen über Methoden zur Steigerung der Leistungsfähigkeit, des Wohlbefindens und der Regeneration weitergeben kann. Der technologische Instrumentenpark wird über ergometrische Geräte zum Ausdauertraining und zur Stärkung des Herz-Kreislauf-Systems, über Fitnessstools zum Kraft- und Schnellkrafttraining ebenso verfügen wie über Systeme des

Sport-Monitorings. Biofeedback ist ein Regelprozess zur Optimierung des Systems Mensch. Biologische Messungen definieren online den Status quo. Die Stimuli moderner Tools geben den Input zur Verbesserung des Status quo des Körpers. Diese Dienstleitung kann auch die Wellnesshotellerie erbringen.

Durch gekonntes Cross-Marketing wird ein innovativ ausgerichtetes Wellnesshotel seine Wertschöpfung verbessern, indem es bereit ist, Health-Products, bioenergetische Nahrungsergänzung, Vitalstoffe oder ganzheitliche Rekreationskosmetik anzubieten. Ein besonderes Qualitätsniveau erreicht ein Wellnesshotel, wenn es Nachhaltigkeitsservices in der Baubiologie, in der Wasseroptimierung, zur Schlafoptimierung oder zum „richtigen Sitzen", „gesunden Liegen", „gesunden Gehen" anbieten kann. Es gehört außerdem zu einem zukunftsträchtigen Marketingverständnis eines Hotels, neue technologische Fun- und Fitnessservices für Schlechtwetterperioden präsentieren zu können.

4.17   Sportarten auf den Punkt gebracht

Leistungträger streben immer danach, aktiv zu bleiben, um ihre Aufgaben zu erfüllen und ihrem Berufsbild zu entsprechen. Sie sind begierig, niemals den Schwung zu verlieren. Bei den Tipps zum effizienten Training wurde bereits darauf verwiesen, nicht zu lange im selben Belastungsbereich zu verharren. Also sollte nach sechs Wochen das Trainingsprogramm innerhalb einer Sportart gewechselt werden. Jegliches Engagement stumpft einmal ab, wenn eine Disziplin nur eindimensional trainiert wird. Da ist Variabilität in der sportlichen Betätigung angesagt. Doch Trainingsinhalte durcheinander gewürfelt und ungeordnet in eine Wochenplanung zu stopfen, ist ebenso wertlos. Die Variabilität der sportlichen Tätigkeit wird nutzbringend angewandt, wenn die Trainingsplanung innerhalb einer Work-out-Periode den Gesetzmäßigkeiten einer bestimmten Reihung folgt. Und die Zeit dazwischen darf nicht missachtet werden. Denn ein Training hört nicht mit dem letzten Work-out auf. Zahlreich sind die Möglichkeiten der aktiven und passiven Erholung.

Fitness ist kein Krieg. Bewegung wird zum Ventil, nicht nur im Körper, sondern auch im Kopf. Managern tut es gut, wenn die Trainingsprogramme fließend in den Arbeitsrhythmus übergehen. Abrupte Unterteilungen von Sport, Freizeit und Arbeitszeit sind für das mentale Gefüge der Person unproduktiv. Der aktiven und passiven Entspannung sollte genauso viel Aufmerksamkeit gewidmet werden wie der Zeit für die geistige Beschäftigung mit sich selbst.

Einzelne Maßnahmen im Lebensrhythmus werden noch keine Wunder bewirken. Es ist wichtig, das Fließgleichgewicht zwischen den Tagesetappen zu erhalten, um nicht unzufrieden zu werden oder in Selbstzweifel zu verfallen. Andernfalls wäre das menschliche Stresssystem gestört und die Managerpersönlichkeit würde erst recht einen Antriebsverlust erleiden. Ein Training passt so gut ins Tagesgeschehen, wie es der Mensch für die entscheidenden Phasen seines Berufs verwerten kann. Wenn er erst gefordert ist, wird er der Inspiration freien Lauf lassen. Treten Sport und Job in eine harmonische Wechselwirkung, wird das Fitnesstraining zu einem der großen Spaßfaktoren des Lebens – im Leistungssport ebenso wie im Beruf.

Beharrlichkeit ist eines der Geheimnisse der Erfolgreichen. Für Wellbeing-Vorsätze bedeutet dies, im Fitnessablauf nicht nachzugeben. Um Effizienz in den Bewegungsmustern zu erreichen, wird eine Schonhaltung nicht ausreichen. Training ist dazu da, den Menschen aus der unproduktiven Komfortzone herauszubringen.

Welchen Nutzen bringen den Managern die einzelnen Trainingsarten? Wer müde ist, gewinnt nicht. Nur wer über eine gute Grundlagenausdauer verfügt, obsiegt im entscheidenden Moment der Überwindung. Ausdauersportarten sind bekanntlich enorm wichtig für die Belastbarkeit des Herz-Kreislauf-Systems und haben ihren Platz in der Gesundheitsvorsorge unwidersprochen eingenommen. Abgesehen von der Ausschüttung bestimmter Hormone, die für Zufriedenheits- und Kreativitätsansprüche zuständig sind, kann die Ausdauerleistung sich auf den mentalen Zustand einer langatmigen Unerschütterlichkeit positiv auswirken.

Manager müssen nur aufpassen, dass sie den Ausdauersport nicht zwanghaft betreiben. Schlecht zu schlafen oder unbedingt um 5 Uhr in der Früh sich zum Joggen aufzumachen, ist genauso wenig produktiv, wie drei Mal pro Woche sich engstirnig mit maximaler Sauerstoffaufnahme abzuquälen. Der Trainingsmix sollte so durchgestylt sein, dass der Bewegungsapparat genauso wie das Hormon-, das Immun- oder das Zentralnervensystem seine Erholung zugesprochen bekommt. Vergessen wir nicht, dass ein über drei Stunden dauerndes Training das Immunsystem schwächt. Nach 60 min aeroben Trainings sinkt der Testosteronspiegel. Ebenso wird das Zentralnervensystem stark beansprucht.

Für einen optimalen Ruhestoffwechsel, also für die menschliche „Motorstärke" als Basis, ist Krafttraining eine notwendige Voraussetzung. Ein zu einseitiges Ausdauertraining könnte übrigens für die Gedächtnisleistung oder für die Knochenbeschaffenheit gefährlich werden. Im selben Ausmaß wächst die Akzeptanz für das Krafttraining. Denn mit dem Abbau von Muskelmasse verlangsamt sich auch der Stoffwechsel. Schwinden die Muskeln dahin, wird bei gleicher Nahrungszufuhr mehr Körperfett produziert.

Schnelligkeitstraining gibt nicht nur Genugtuung für eine rasche Bewältigung von Strecken und Hindernissen, sondern reflektiert auch Schnelligkeit und Gewandtheit im übertragenen Sinn. Der nötige „Puls-Kick" sollte mindestens einmal pro Woche erfolgen. Ausschließlich flache Kurven in der Belastung bringen weder der Leistung noch der Gesundheit Pluspunkte ein. Wenn sich sonst keine anderen Möglichkeiten anbieten, suche man sich ein ansteigendes Gelände und sprinte so schnell als möglich bis zu 50 Meter hoch, um langsam runter zu traben. Nach drei bis vier Wiederholungen setzt man das Joggen im flachen Teil fort.

Für Schnellkraftfertigkeiten bietet sich der Kampfsport besonders gut an. Taekwondo zum Beispiel ist nicht nur eine Sportart für technische Fanatiker der Selbstverteidigung. Es fördert vor allem die mentale Energie, die in vielen anderen Sportarten und Lebensbedingungen adäquat genutzt werden kann. Kampfkünste bieten den Vorteil, gleichzeitig Körper und Geist intensiv zu trainieren. Sie helfen dem Menschen in der Eigenmotivation, seinen Willen zu praktizieren und mental stärker zu werden.

Fernöstliche Entspannungsmethoden werden immer mehr zum Geist-Körper-Seele-Ausgleich herangezogen. Konzentrations- und Meditationsmethoden stehen in keinem Widerspruch zu religiösen Einstellungen. Dies geht auch aus der Lektüre von „Meditationstechniken für Manager" des Kommunikationsfachmanns Rupert Lay (o. J.) hervor.

Bisweilen sind sie sogar angebracht, bevor man in die spirituelle Sphäre seiner Religion treten möchte. Aus der mentalen Regenerierung ergibt sich oftmals der Wunsch nach einer spirituellen Kommunikation.

Es ist in jedem Fall vorteilhaft, in Fitness und Wellness zu investieren. Welche Sportart eignet sich für welche Manager? Jede sportive Tätigkeit hat ihre Vorzüge. Radfahren, Schwimmen oder Skaten sind unter anderem besonders geeignet, die Beckenbodenmuskulatur zu stärken. Ihre Bedeutung im menschlichen Apparat ist nicht zu unterschätzen. Das Radfahren gehört zu den gelenksschonenden Ausdauersportarten. Dabei sollte die Regelmäßigkeit in der Belastung nicht übertrieben werden, will man nachhaltige Fitnessergebnisse erzielen. Das Lungenvolumen und der aerobe Fitnesszustand verbessern sich nur, wenn zwischendurch auch ordentlich belastet wird.

Das Mountainbiken bringt neben herrlichen Erlebnissen in der Natur den Profit an Ausdauer und Koordination. Zum Ausgleich sitzender Berufe bieten sich auch Kraftsportarten an, die die Runpf- und Schultermuskulatur kräftigen. Inline-Skaten ist ein idealer Mehrzwecksport, da er nicht nur zahlreiche Muskeln beansprucht, sondern auch den Kreislauf in Schwung hält. Vordergründig im Ausdauerbereich angesiedelt, stärkt das Skaten auch die Oberschenkel- und Wadenmuskulatur. Nur auch hier gilt, ein bloßes Spazierenfahren ist zu wenig. In der Vorbereitungsphase zum Ski-Langlaufen kann das Inline-Skaten durch Zuhilfenahme von Stöcken ergänzt werden, wobei die Oberarm- und Schultermuskulatur kräftig trainiert wird.

Vor allem wird aber etwas für das Balancegefühl bei gleichzeitigem Krafteinsatz getan. Vorteile in der Gleichgewichtsschulung verspricht das Eislaufen. Für eine spürbare Konditionsverbesserung muss allerdings intensiv gelaufen werden, am besten auf längeren Bahnen oder auf einem See. Ein weiterer Ausbau der Gleichgewichtsfähigkeiten erfolgt beim Langlauf-Skaten. Der Lohn ist ein optimales Balancegefühl, das dem alpinen Skilaufvergnügen zugute kommt.

Es gibt einen Trost für diejenigen, die nicht derartige naturbezogene Sportbedingungen nützen können. Eine Reihe von Hallensportarten bieten sich an, um die koordinativen Fähigkeiten des menschlichen Körpers gut zu schulen und ebenso viel Spaß an der Bewegung zu haben, noch dazu in der Gemeinschaft eines Teams. In früheren Zeiten war bei vielen Ballspielen Fitness nicht gerade eine Bedingung. Entweder galten sie als zu elitär oder es war die Gemeinschaftspflege eines feuchtfröhlichen Mannschaftssports wichtiger als die Athletik. Heutzutage hat sich das gewaltig geändert und zwar nicht nur im Profisport, sondern auch in den Freizeitclubs. Dies kommt Managern zugute, wenn sie ihre Kondition beim Tennis, Squash, Fußball, Basketball etc. ausbauen. Der Wechsel vom kräfteschonenden Spiel zum plötzlichen Beschleunigen und Bremsen fördert Beweglichkeit und Koordination ebenso wie Einfühlungsvermögen für taktische Situationen.

Wasserfeeling kann mehr sein als nur ein Wasserplantschen, denn Schwimmen ist mehr als eine bloße zyklische Bewegungsform. Auch Amateursportler können in die Schwimmbewegung viel hineininterpretieren, um ein Maximum an Körpernutzen herauszuholen. Den Oberkörper möglichst ruhig halten und trotzdem weit mit den Armen ausholen, um die Reichweite zu erhöhen, stellt auch den Hobbysportler immer wieder vor Herausforderungen. Bei regelmäßigem Betreiben führt das zu einem guten Bodystyle und zu einer optimalen Sauerstoffkapazität.

Zur Bodyformung empfiehlt sich auch das Wasserskifahren, das mehr als nur ein Fun-Sport mit Geschwindigkeitsrausch ist. Diese Sportart ist eher dem Segment Kraftaufbau zuzuordnen, fordert den ganzen Körper und ist dabei sehr gelenksschonend. Wenn auch etwas auf den europäischen Gewässern aus der Mode gekommen, bietet das rasante Gleiten beim Windsurfen nebst Spaß eine Stärkung der Kraftausdauer.

Laufen, die populärste Ausdaueraktivität, stärkt naturgemäß das Herz-Kreislauf-System. Berufstätige betreiben Jogging, um Herzinfarkten oder Blutüberfettung vorzubeugen. Jogger, die das Glück haben, in der freien Natur und nicht zwischen Beton zu laufen, schätzen dabei die Naturerfahrung und das Gefühl der Ausschüttung positiver Botenstoffe. Die nächst höhere Stufe in der Belastung, das intensive Laufen, ist für sämtliche Sportarten der ideale Baustein zur Erlangung der Grundlagenausdauer, ohne die keine sportliche Leistung zu erbringen ist.

Die drahtigen Ausdauerspezialisten finden ihre Herausforderung in Triathlons, Marathons oder Bergläufen. Beim Klettern und bei den Rudersportarten wird insbesondere die Rumpfmuskulatur fit gehalten. Da beim Reiten die Sportler nicht passiv am Pferd sitzen, sondern mit der Bewegung des Pferdes mitgehen, wird in diesem Sport die Gesamtheit der Muskeln wie bei keiner anderen Sportart bis in die kleinsten Körperregionen aktiviert. Das scheint auch der Grund zu sein, warum Reiter eine unglaubliche Fitness aufweisen, obwohl in der Vergangenheit die Trainingsplanung ausschließlich auf das Pferd und nicht auf den Reiter ausgerichtet war. Heutzutage gilt es schon zum guten professionellen Ton, nicht nur das Pferd, sondern sich selbst im Konditionsaufbau mit zu trainieren.

Nicht besonders intensiv ist die Herausforderung an sportmotorische Eigenschaften beim Schießen und beim Golf, dafür wird ein gewaltiges Maß an Stärkung der Konzentrationsfähigkeit aktiviert. Die innere Ruhe aufzubauen und in der Leistung beständig zu werden, ist für andere Sportarten vorbildhaft. Auch für Manager ist ein solches Potential der Ausgeglichenheit und Beruhigung zur Persönlichkeitsentwicklung wertvoll.

Nicht immer einseitig trainieren, bezieht sich im gleichen Maße auf das mentale Training. Dort ist ebenso Komplexität erwünscht. Der gute Coach wird das richtige Maß finden. Seine hohe Qualifizierung als Trainer macht sich immer für den aktiven Sportler bezahlt. Das Beispiel aus der Reiterei verdeutlicht, was für alle anderen Sportarten sinngemäß ebenso gilt: wer auf hohem Niveau das Reiten betreiben will, braucht eine zweite Person zur Beobachtung in der Bahn. Sie muss in dieser Tätigkeit nicht das Leistungsniveau der Akteure erbringen, ihnen aber ein umfassendes Wissenspotenzial zur Verfügung stellen. Damit wird der Coach zur Vertrauensperson. Nicht nur Manager, auch Sportler brauchen jemanden, der ihnen mit fachlichem Können zur Seite steht.

4.18   Ein neues Spiel mit Trainingswert

Ein innovatives Spiel-Equipment auf elektronischen Schlag-Tools (Schlagsack, Schlagpolster etc) bringt nicht nur einen Fitnessaufbau, sondern auch Frustabbau mit sich. Solche physische und physikalische Tools werden hervorragend eingesetzt, um Frustration zu bekämpfen. Angestaute Aggression wird in kontrollierter Form weggepowert. Alles, was dringend psychisch einmal herausgelassen werden muss, wird physisch abgearbeitet. Für Businessleute bringt dieses Spiel gleichzeitig Abschalten und Stressbewältigung mit sich. Es ist auch gut in Schulen oder in Privathaushalten zu gebrauchen.

„Vitaedo", ein elektronisches Sport-Monitoring-Tool, fördert insbesondere die
Beinmotorik. Es entpuppt sich als ein interessantes Fun-Instrument zum „Mat-
chen" mit sich oder mit einem Partner. Die objektiven Match-Resultate liefert
online der mit dem Schlagsystem verbundene PC. Die dem Taekwondo entnom-
menen Techniken beziehen sich insbesondere auf Fuß-Kicks: Aufwärtskicks als
gerade geschnappte Beinbewegung nach oben zum Schlagsack, gerade von oben
nach unten mit gestrecktem Bein durchgeführte Beinschwünge, die mit der flachen
Sohle die Kontaktfläche touchieren, Rundkicks aus der Hüftdrehung heraus mit
Ristkontakt auf dem Schlagtool, Seitkicks aus der seitlichen Körperhaltung heraus,
Toolkontakt mit der Ferse. Mit Hilfe der Tools werden Kraft und Schlagstärke
gemessen, aber auch die Explosivität der Bewegung. Zur Bewertung der Schnellkraft und Reaktionsschnelligkeit sind auf einer Bodenplatte Sensoren angebracht,
die die Stepbewegungen aufzeichnen. Man steppt mit Wechselschritten und verschiedenen Ausfallschritten nach links und rechts, bevor das Ziel mit einem Treffer
kontaktiert wird. Es gibt einen medizinischen Zusatznutzen: barfuß ausgeführt
werden die Reflexpunkte massiert und stärken bei regelmäßigem Training gemäß
der traditionellen asiatischen Medizin die inneren Organe.

Im mentalen Bereich dient dieses Spiel zur Motivationsstimulierung. Eine weitere Einsatzmöglichkeit bietet sich als Alternativtraining im Spitzensport
und im kinesiologischen Testen des Mentalzustandes von Sportlern und Managern. Der elektronische Schlagsack gibt in der Messung die Entschlossenheit
zum persönlichen Kräfteeinsatz wieder. Gemessen wird nicht nur die Ausdau-
erschnellkraft, sondern auch die Reaktions- und Reflexschnelligkeit. Aus dem
Vollkontakt-Kampfsport kommend sind die Tools ideal im Wellnessaufbau und
zur Fitnesskonservierung bis ins hohe Alter einsetzbar. Übrigens könnten sie auch
in der Hotellerie zur Überbrückung von Schlechtwetterperioden eingesetzt werden!
Drei Fitnessziele werden erreicht:

1. Das Perfektionieren von Arm- und Bein-Skills
2. Die Harmonisierung von Körper und Geist
3. Die Verbesserung der gesamtkörperlichen Leistungsfähigkeit.

Das virtuelle und gleichzeitig konkrete Spiel ist dem Taekwondo, dem koreani-
schen Wettkampfsport, entlehnt, der zu den olympischen Kampfdisziplinen zählt.
Der dynamische Sport ist für jedes Lebensalter geeignet und zeigt eine starke strate-
gische und philosophische Affinität zum Managementberuf. Es ist eben weit mehr
als nur ein Kampfsport. Nicht alle wissen, dass dieser Sport überall auf der Welt
praktiziert wird und mit ca. 200 nationalen Verbänden zu den mitgliederstärksten
Sportarten zählt. Die ursprünglichen Trainingsstätten werden als „Dojang", Platz

des Erwachens, bezeichnet, also als Orte der Konzentration, der körperlichen und
der geistigen Kraft. Man spürt den Hauch des Mythos, das eigene Selbst zu kultivie-
ren. Die asiatische Philosophie verweist stets auf Harmonie zwischen Körper, Geist
und dem Universum. Im Kampfsport wird durch Selbstfindung eine innere Energie
entwickelt. Dazu ist eine Reihe von mentalen Voraussetzungen gefordert. Die Gra-
duierungen entsprechen den einzelnen Leistungsstufen, die sich im traditionellen
Gürtelsystem widerspiegeln. Beim Binden des Gürtels um die Körpermitte bildet
der Knoten ein Dreieck, das die Einheit der Person symbolisiert. Symbolik, Disziplin und Willenskraft prägen die ursprünglichen fernöstlichen Kampfkünste der
asiatischen Philosophie. Darin liegt vielleicht auch das Geheimnis, dass von Gewalt
geprägte Personen sich langfristig in diesen Sportarten nicht profilieren können.
Diese Sportarten stellen mit ihren Mechanismen des Austobens der physischen
Effizienz, besonders auch in Schul- und Erziehungssystemen, ein hervorragendes
Instrument zur Gewaltbekämpfung dar. Taekwondo ist der Sport der Reaktionsschnelligkeit und der Durchsetzung, beides Eigenschaften, die auch sonst in vielen
Lebenslagen sehr gefragt sind.

Der Wettkampf lebt nicht nur vom Können des Athleten, sondern auch von der
Strategiearbeit der Coaches. So gibt es auch Parallelen zwischen dem Coaching im
Taekwondo und dem Coaching in der Wirtschaft. Mit der Strategieberatung in der
Wirtschaft verbindet Taekwondo das Hinterfragen von Wettbewerbssituationen
und das richtige Steuern fremder und eigener Leistung unter Zeitdruck. Ähnlich
wie im Taekwondo sind es im Consulting nicht nur die agierenden Personen, die
die Reaktionen der anderen Seite schnell und richtig einzuschätzen haben. Die
Teamfähigkeit in der Beziehung zwischen Kämpfer und Coach erhält einen beson-
deren Stellenwert. Natürlich spielt Wettbewerb die dominante Rolle. Schnellkraft,
Reaktionsvermögen, Schläue und Fairness sind ja auch im Geschäftsleben von
Vorteil.

Eine aus dem Taekwondo-Wettkampf übertragbare psychologische Lehre besteht darin, sachliche Auseinandersetzungen nicht zu personifizieren. Nach dem
Wettbewerb wird wieder höflich und freundschaftlich miteinander umgegangen.
Taekwondo ist mit seinen Trainingsmethoden auch ein Energieantrieb und kann
mit dem gesamten mentalen Background als Komplementärtraining sehr gut auf
andere Sportarten appliziert werden. Und es kristallisiert sich in mehreren Ansätzen
als der perfekte Managersport heraus.

Wenn die reine Virtualität des oben erwähnten Simulationsspiels nicht aus-
reicht, bietet sich Taekwondo pur an, entweder in der individuellen Abgeschie-
denheit für sich selbst oder in den weltweit verbreiteten Wettbewerben. Der
Taekwondo-Formenlauf kann sogar bis ins hohe Alter kompetitiv auf Turnieren
praktiziert werden. Legt man den philosophischen Hintergrund dieser Kampfkunst

einmal beiseite, lässt sich feststellen, dass in diesem Sport das Ego des Typus Manager dadurch befriedigt wird, dass gerade die außergewöhnliche Leistung bereits
im Training ersichtlich wird.

4.19 Sport und Zufriedenheit

Ob der Mensch beim Radfahren oder beim Mountainbiken die Natur fühlt und
gleichzeitig etwas für seine Ausdauer tut, ob er seinen spielerischen Trieb bei Ballspielen befriedigt und nebenher seine motorische Koordination verbessert, oder ob
er beim Schwimmen, Skifahren, Eislaufen, Surfen oder in einem Hallensport den
Ausgleich zum Alltagsleben sucht und seine Kraft- oder Schnelligkeitsfähigkeiten
trainiert, die Bewegung wird immer Herausforderung und Freude sein. Bewegung
befreit.

Ohne zielorientierte Identifikation würden wir an einer Lebensplanung zim-
mern, die uns kaum befriedigen würde. Nur passiv dahinzuvegetieren, macht das
Lebensziel wohl kaum aus. Um sich mit solchen Grundlagen zu identifizieren,
macht es sich bezahlt, sich mit den einzelnen Funktionen in Theorie und Praxis
auseinanderzusetzen. Sonst betreibt man Raubbau an der eigenen Gesundheit.

Der Mensch betreibt Sport, damit er sich selbst näher kommt. Sport erfüllt die
Gesetze der Verbindung von Körper und Geist. Er beflügelt, die Funktionen des
Körpers und des Geistes zu harmonisieren. Fitness ist die treibende Kraft, etwas zu
gestalten, Ideen umzusetzen und auf vielfältige Weise gut zu werden. Topfitte Menschen erbringen auch Topleistungen. Wohl ist dies eine leistungsbezogene Aussage
und keine Aussage der Wertigkeit. Ein sportlicher Lebensstil kann aber immerhin
im Zeitalter des „Longer and Better Aging" ein ungesundes Altern verhindern. Es
ist gerade auch der Sport der Gehandicapten, der dies unter Beweis stellt.

Eine interessante mikrobiologisch-fundierte Erkenntnis betrifft die Wiederent-
deckung der Kraftquellen aus der Spiritualität. Bei Meditation und im Gebet werden
die Stresshormone Cortisol und Adrenalin reduziert, die deutlich die Aktivität der
Abwehrzellen einschränken. Wir wissen aus der fernöstlichen Philosophie, wie Yin
und Yang den Körper ausbalancieren. Mit korrekter Lebenseinstellung und Lebenshygiene erhält das Ordnungsprinzip Wellbeing erst in der Ganzheitlichkeit seinen
Wert. Ganzheitliches Wellbeing verlangt Nachhaltigkeit und kann bis in die Tiefe
der Geborgenheit von Spiritualität reichen. Ohne diese abstrakte Ganzheit entsteht
sehr leicht Zwanghaftigkeit und eine daraus folgende Leere, die erst recht krank
machen kann. Weil man das Richtige finden will, entwickelt sich auch im Sport so
etwas wie Leadership gegen Sinnlosigkeit. Die Leistung des Individuums sollte im

Training auf natürliche Weise wachsen können, dann wird das Mühen im Sport auch Spaß machen.

4.20   Facetten für ein Better-Aging

Jede freie Minute für Bewegung nutzen! Manche nehmen sich viel vor, ziehen den Bauch ein, nehmen Haltung an und was viel wichtiger ist: sie trainieren. Sie wollen den Stoffwechsel anregen, sie halten Ausschau nach einem dynamischen Work-out und sie ernähren sich bewusster, um Verschleißerkrankungen nicht heraufzubeschwören. Ziel ist, den Wohlstand in Wohlfühlen umzuwandeln.

Die „Health-Society" setzt sich zur Aufgabe, Gesundheit und Fitness selbst in die Hand zu nehmen. Das funktioniert aber nur mit System und setzt Wissen voraus. Moderne Lifestyle-Services beziehen sich auf eine seriöse Fitness- und Gesundheitsvorsorge, die die Erlangung und den Erhalt eines guten Gesundheitszustandes für ein „Better Aging" anpeilt. Better-Aging ist nicht das Ergebnis von Zufällen. Bereits im zweiten Alter (ab 20) muss man sich auf das dritte (ab 40) oder vierte Alter (ab 60) vorbereiten. Wellness und Fitness sind gefragt.

Altern ist keine Krankheit. Lustvoll alt werden heißt nicht am Leben, sondern im Leben bleiben. Das Alter braucht die Kraft und die Fitness, um das in den Jahren entwickelte Potenzial der Reifung wirken zu lassen. Wie können wir bewusst einen positiven Alterungsprozess bewirken? Wichtig ist der richtige Mix aller Wellnessfaktoren, da es den einzigen positiven Faktor zum gesunden Altwerden nicht gibt.

Es gehört zum menschlichen Wohlbefinden, sich nicht zu sehr auf sich selbst zu fokussieren. Mentale Stärke besteht bisweilen aus der Loslösung von der eigenen Eitelkeit. Und trotzdem ist es gestattet und sogar empfohlen, auf seine physische Gesundheit genau zu achten. Die große Mystikerin Teresa von Avila (o. J.) verwies darauf, dass es wichtig sei, für genügend Schlaf und Essen zu sorgen, um nicht aus der Schwäche des Körpers in eine Ekstase zu kommen, die sie für falsch hält. Zur mentalen Fitness gehört die Voraussetzung der körperlichen Fitness.

Der Gedanke des Wellbeing darf vor Alters- und Pflegeheimen nicht haltmachen. Es ist unverantwortlich und letzten Endes unökonomisch, wenn in Pflegeheimen aus kurzfristigen Einsparungsgründen beispielsweise auf den Nutzen der biomechanischen Stimulation verzichtet wird. Muskelatrophien, Bewegungsrestriktionen oder Inkontinenz könnten mit der BMS erfolgreich therapiert werden.

Die gleiche Einschätzung gilt, wenn älteren Patienten der Genuss von sauerstoffoptimierten Wasser vorenthalten wird, nur weil hier das Argument zur Leistungsoptimierung nicht mehr tauglich sei. Auch für ältere Menschen bedeutet es einen Zugewinn an Lebensgefühl, wenn eine bessere Sauerstoffversorgung der inneren Organe und Gefäße das Gefühl von mehr Vitalität und Wohlbefinden vermittelt. Warum sollte der pflegebedürftige Mensch bei durch langes Liegen bedingten Decubitus-Symptomen auf biologische Wirkstoffe verzichten müssen, wenn sie Abhilfe oder Linderung bringen könnten? Wellbeing gehört eigentlich auch in den Pflichtenkatalog der Pflegebetreuung eingebaut.

Mit einem geeigneten Bewegungsmanagement beugt der Mensch physischen und mentalen Defiziten vor. Er erhält eine bessere Gelenkigkeit und mit der verbesserten physischen Leistungsfähigkeit auch mehr Spaß an den Angeboten in Sport und Freizeit. Der heranreifende Mensch hat ein Anrecht darauf, die technologischen Errungenschaften der Sportoptimierung in seinem Rahmen in Anspruch zu nehmen. Denn nur so kann er sich effizient Schäden der Zivilisation vom Leib halten.

Better-Aging-Maßnahmen sind darauf ausgerichtet, den Körper fit und attraktiv zu halten, das System Mensch zu energetisieren und mit Vitalsubstanzen zu unterstützen, die Bewegungsfähigkeit zu optimieren und die mentale Wachsamkeit aufrecht zu erhalten. Sport ist in allen Facetten ein Stück Lebensqualität. Es gibt Eckpfeiler der Definitionen von Wellness und Gesundheitsvorsorge. Neuentwicklungen auf Grund des technologischen Fortschrittes werden immer wieder auftauchen. Ein Wellbeing der Ganzheitlichkeit und Nachhaltigkeit sucht irgendwann zusätzlich die Tiefe der Spiritualität. Wenn Manager oder Hochleistungsmenschen den Weg in die Klöster finden, suchen sie nicht gleich eine religiöse Bekehrung. Sie wollen sich fallen lassen in die Geborgenheit vor den Ängsten und Bedrohungen des Alltags und der Existenz. Sie suchen einen schützenden Raum der Geborgenheit, der aus dem Kosmischen her definiert ist. Doch das ist der Inhalt eines anderen Titels: „Management versus Spiritualität" (J.G. Matuszek).

4.21 Kultur und Sport im Management

Die Trainierenden selbst bestimmen das Niveau ihres sportlichen Status. Sie sind für sich selbst verantwortlich in Bezug auf Einsatz und Aufwand an Zeit. Wenn sie einmal eine Basis für Kondition und Fertigkeit geschaffen haben, werden sie feststellen, dass ihnen ein spontanes Verhalten zu neuen Erfahrungen und Überraschungen verhelfen wird. Das Geheimnis liegt in der nie auslassenden Aktivität.

Die Abwesenheit von Sport und Kultur in der Gesellschaft würde die Menschen nicht glücklicher machen. Übrigens weiß man heute, dass Kultur per se kein Gegensatz zum Sport ist. Denn beide Sphären stehen nicht für sich allein. In der Managementwissenschaft ist heute mehr als anerkannt, dass die geistigen und mentalen Kognitionen in gleicher Weise gefordert sind. Die physische Höchstleistung ist mit der mentalen in Einklang zu bringen.

Die mentale Relaxation erfolgt oftmals in den schönen Dingen des Lebens, in der Kultur. Der Körperkult wird nicht ausreichen, die Zufriedenheit eines umfassend ausgerichteten Individuums auszufüllen. Der kulturlose Manager kann nicht die Idealvorstellung eines kosmopolitisch denkenden Menschen sein. Die individuelle Ausgeglichenheit wird von der körperorientierten Fitness und vom geistigen Genießen bestimmt. Somit wird die Optik des leistungsorientierten Managers darauf eingestellt sein, niemals im Wechselspiel der menschlichen Anforderungen nachzulassen.

Kopfarbeit wechselt mit Körperarbeit ab und beide mit kultureller Relaxation. Eine Entweder-Oder-Identität ist eines idealen Managerbildes unwürdig. Das Streben darf nicht darauf ausgerichtet sein, zwischen Sport und Kultur zu polarisieren. Da sowohl die körperlichen als auch die intellektuellen Kapazitäten auf Vergänglichkeit ausgerichtet sind, wird der Kulminationspunkt menschlichen Strebens wohl in einer spirituellen Kultur liegen. Dieser Perspektive sollten sich weder Manager noch Sportler widersetzen.

4.22 Sport und Zertifizierung

Alle scheinen sich einig zu sein, dass auf Kosten der Gesundheit nicht gespart werden darf. In den Unternehmen wird Gesundheit und Fitness zu einem Kostenfaktor. Weniger Ängste, weniger Krankheitsausfälle, mehr Motivation, mehr Zufriedenheit führen allesamt zu besseren Betriebsergebnissen. Eine Wellness-Corporate-Identity macht sich in jedem Unternehmen bezahlt. Auch in der Sportberatung sind Qualität und Fachkompetenz gefragt. Wie viel Inkompetenz ist gestattet? Damit befinden wir uns inmitten der Thematik der Zertifizierungs-Philosophie.

Alleingänge in der Publizität sind nicht wirkungsvoll. So wie die ökonomischen Leistungen gemessen werden, lassen sich auch Wellness- und Fitnessqualität in Unternehmen überprüfen. Sind die Ergebnisse positiv, ist es sinnvoll, dies auch publik zu machen.

Trainingsinnovation und Beratungskompetenz lassen sich zertifizieren. Wie ist ein Corporate Fitness Management im Rahmen der Gesundheitsvorsorge eingebunden? Wie sehen die Offerten zur persönlichen Leistungssteigerung und persönlichen Effizienzgestaltung aus? Worauf beruht das Erholungsmanagement in Unternehmen? Wellbeing-Systeme und die einsetzbaren Tools lassen sich checken und beurteilen.

Allein schon wegen der selbstsüchtigen Wünsche nach Gesundheit findet die ökologische Revolution statt. Also macht es Sinn, die Ökologie- und die Gesundheitsverantwortung unter einen Schild zu bringen. Zertifizierungen setzen sich mit den Aufgaben von Wellnessaufklärung und Unternehmensexzellenz auseinander. Stressmanagement, die Behebung von körperlichen Dysfunktionen und die Fitnessvorsorge gehören im modernen Unternehmen zum internen Mehrwert. Die Serviceleistungen werden an Hand der Effizienz, der Nachhaltigkeit und der Information gemessen.

Literatur

Exel W, Meng CL (o. J.) Die Heilkunst der Chinesen. Orac
Fricker B, Tereh K (o. J) Psychofonie, Die heilkräftige Klangquelle in meinem Kopf. Spectralab
    Verlag
Lapauw C (o. J.) Teresa von Avila, Wege nach innen, Erfahrung und Führung. Tyrolia
Lay R (o. J.) Meditationstechniken für Manager, Methoden zur Persönlichkeitsentfaltung.
    rororo
Levitin DJ (o. J.) This is your brain on music. The science of a human obsession. Paperback
Matuszek G (2013) Management der Nachhaltigkeit. Springer
Matuszek J-G (o. J.) Management versus Spiritualität. United P. C. Verlag
Paulig L (1990) Das Vitamin-Programm. Goldmann Verlag
Psychofonie – eine neurophysiologische Klangtherapie bei Migräne (1999) Praxis –
    Schweizerische Rundschau für Medizin Nr. 21
Scholl L (o. J.) Das neue Augentraining. Der ganzheitliche Weg zur Verbesserung der
    Sehfähigkeit. Goldmann
Sinclair C (2003) Artificial tanning sunbeds: risk and guidance. World Health Organization
Sünder H (1997) Unsere Ernährung deckt nicht den Vitaminbedarf. Welt am Sonntag, August
    1997, Zitate von Professor Heinz Liesen
Wallach JD (1997) Dead doctors dont lie. Legacy Communications

Epilog

5

Die Motivation, Sport zu betreiben, ist vielfältig. Stark oder schlank zu werden, schnell oder körperlich geschickt zu agieren, vor allem aber gesund zu bleiben, sind die rationalen Beweggründe. Nichts geschieht zufällig, auch nicht im Bewegungsmanagement. Jeden Tag sogar zwischen den Belastungszeiten in Bewegung zu sein, ist bestimmend für unser Wohlbefinden. Das Verlangen nach Entspannung kommt von selbst, der Sport drängt uns dazu. Aus der Ruhe finden wir wieder zur Stärke. Der Kreis schließt sich zum Ordnungsprinzip der Lebenshygiene. Ihr Kulminationspunkt ist sicherlich die spirituelle Komponente, der eine positive Lebenseinstellung zugrunde liegt. Die Beziehung und Unmittelbarkeit zum Transzendenten darf nicht verloren gehen. Wenn Körper und Geist ausbalanciert sind, hilft das immens. Mit dem Körper gestaltet der Mensch sein Leben, aber er gehört ihm nicht, er ist ihm lediglich verliehen. Er ist den Gesetzen der Natur und der Zeit unterworfen. Umso mehr ist es eine Pflicht, ihn zu pflegen. Sich Zeit zu nehmen zum Wissenserwerb, zum Lesen und zur physischen Bewegung, erhöht nicht allein die persönliche Qualifikation, sondern auch die Qualität des eigenen Lebens.

Zum Bewegungskonzept passen keine Ausreden und keine Handicaps. Moshé Feldenkrais entwickelte im vorigen Jahrhundert gerade aus Lernprozessen nach einer schweren Kriegsverletzung eine weltweit anerkannte Methode der „künstlerischen Körperschulung". Nicht immer sind es die anderen, die an unserem Leid Schuld sind. Wir selbst haben Verantwortung zu übernehmen.

Worin liegt der Lebenshunger, wo droht uns der Schwungverlust zum Leben? Atroph dahinzuvegetieren und immer nur passiv zu konsumieren, wird uns die Lebensfreude nehmen. Wir brauchen die allgemeine Belastbarkeit, sie erhält uns bis ins Alter eine gute Lebensqualität. Bewegung ist die Aufforderung, sich in seinem Körper wohl zu fühlen.

Die Bemühungen um eine gute physische Kondition sind so alt wie die Menschheit selbst. Einst war es der Kampf mit den Unwegsamkeiten der Natur. Daran hat sich nur die Form geändert. Heute sind es die modernen Technologien und die Wissensgesellschaft, die den Lebensaspekt mitbestimmen. Die Bewegung darf darin nicht fehlen, Bewegungsmanagement ist hochaktuell. Bei einem stets wachsenden Zeitstress wird Sport zu einer gesellschaftlichen Herausforderung. Andererseits geben Arbeitszeitverkürzungen dem Umgang mit Freizeit eine neue Chance. Bewegung gehört zum persönlichen Qualitätsmanagement. Die Manager der Neuzeit haben längst erkannt, dass die weichen Faktoren, wie Wissen, aber auch die physische und die mentale Leistungsbereitschaft für den persönlichen Erfolg ausschlaggebend sind.

The manufacturer's authorised representative in the EU is Springer
Nature Customer Service Centre GmbH, Europaplatz 3, 69115 Heidelberg,
Germany. If you have any concerns regarding our products, please
contact ProductSafety@springernature.com

Printed and bound by CPI Group (UK) Ltd, Croydon, CR0 4YY
27/04/2026
02097638-0002